高校
国語科授業の
実践的提案

三浦和尚

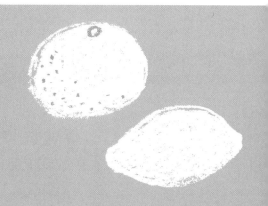

三省堂

｜装丁・本文レイアウト｜
臼井弘志（公和図書デザイン室）

まえがき

　中・高等学校の現場から大学に移り、すでに四半世紀以上経た。その今だからこそ、自身、ああしてみればよかった、こんな事はできないだろうか、といった思いは強い。本書は、そういった思いを、ささやかながら具体的実践に結びつけようという試みである。

　もとより、研究的に最前線の提案だとは言えない。理論研究の実践的検証というほどのものではない。しかし、少なくとも理論的、原則的には語られながらも、現場実践として広く定着しているわけではない課題について、現場の先生方になんらかの提案ができたのではないかと考えている。故野地潤家先生の言われた「研究即実践、実践即研究」に少しは近づいた、というのはおこがましいが。

　提案授業はすべて愛媛大学附属高等学校をフィールドとした。愛媛大学附属高等学校は、長く農学部附属であったが、平成20年4月、大学直結の愛媛大学附属高等学校（総合学科）となり、現在に至っている。新しい附属高校の教育研究活動の一環として、国語科教育研究大会が開始され、私のような者の授業公開が求められたことは、大変ありがたいことであった。

　授業についてはインターネットを通して動画を見ることができるようになっている。授業の呼吸のようなところまでさらけ出すことの恥ずかしさはあるが、だからこそ気づいていただけるところもあるかもしれない。高校の授業記録が少ない現状の中で、研修材料として批評対象となるようであれば、筆者の意は尽くされたと言ってよい。ご批正いただければ幸いである。

『高校国語科授業の実践的提案』

目次

まえがき …………………………………………………………………… 3

I 【総論】
授業研究のねらいと方法 …………………………… 7

II 【提案授業 1】
豊かな文学世界の享受と言葉の力の獲得
―芥川龍之介「蜜柑」（高校一年）― ………………… 17

III 【提案授業 2】
文学として味わう「古文」（伊勢物語）
―現代語訳・課題のあり方を中心に― ……………… 49

IV 【提案授業 3】
味読・批評を見通した評論の学習指導
―松沢哲郎「想像する力」の実践を通して― ……… 73

V 【提案授業4】
高村光太郎「レモン哀歌」の指導
―詩の「楽しみ方」を求めて―.. 105

VI 【実践報告】
小説教材を導入に生かした学習指導
―「藪の中」「新聞記事」（高二）の場合― 125

VII ［講演記録］
国語科学習指導における発問の
意義と課題 147

あとがき 156

動画の配信について

提案授業1～4については、ウェブサイトで授業の動画を公開しています。下記のアドレスもしくはQRコードからウェブサイトにアクセスして、動画をご覧ください。アクセスの際にはIDとパスワードの入力が必要となります。下記のIDとパスワードをご入力ください。

ID：sanseido-kokugo　　パスワード：90VXnQSW07

提案授業1　豊かな文学世界の享受と言葉の力の獲得
　　　　　　　―芥川龍之介「蜜柑」（高校一年生）―

url：https://tb.sanseido-publ.co.jp/kokugo_practicalsuggestion01/

提案授業2　文学として味わう「古文」（伊勢物語）
　　　　　　　―現代語訳・課題の在り方を中心に―

url：https://tb.sanseido-publ.co.jp/kokugo_practicalsuggestion02/

提案授業3　味読・批評を見通した評論の学習指導
　　　　　　　―松沢哲郎「想像する力」の実践を通して―

url：https://tb.sanseido-publ.co.jp/kokugo_practicalsuggestion03/

提案授業4　高村光太郎「レモン哀歌」の指導
　　　　　　　―詩の「楽しみ方」を求めて―

url：https://tb.sanseido-publ.co.jp/kokugo_practicalsuggestion04/

（配信予定期間　2017年11月1日～2020年10月31日）

I

【総論】

授業研究のねらいと方法

Ⅰ【総論】

一 実践的な授業研究におけるねらい

　授業を研究するという場合、広く捉えれば、形態としては、

a　研究者が仮説をもって授業を行い、検証する場合

b　実践者の授業を何らかの研究目的で研究者が分析研究する場合

c　実践者が自らの問題意識に基づいた授業を行い、検討する場合

d　実践者の問題意識による授業を、他の実践者・研究者が分析する場合

e　実践者の日常の授業を、他の実践者と共有して検討する場合

などが考えられる。

　しかし、現場実践の立場から言えば、a、b は研究者による理論研究に近い位置づけがなされるものであり、日常的なものではない。

　c は自己研鑽のために行うものであり、誠実な実践者の丁寧な授業自己評価の形であるとも言える。

　d は、いわゆる研究会における研究授業がこれにあたり、校内の研修会などの場合は、d というよりもむしろ e の場合が多いと思われる。

　「授業研究」といった場合、例えばこういった形態的枠組みの違いにおいても、そのねらうところはさまざまであり、一概に論ずることは、実践の立場からは無理があろう。

　では、実践者の立場から言って、授業研究のねらいは何か。端的に言えば、「次の授業を改善していく指針を得る」ということにほかならない。

　例えば、今の授業を反省的に捉えることも広い意味での授業研究であるとすれば、その反省は次の授業のあり方の指針を得ることに

なるはずである。そういった営みは、日常的なものであるとともに、とりあえず明日の授業の改善につながるという意味で、短期的な展望をもつものである。

　一方、ある程度明確な意図をもって行われた授業について、他者を交えて分析・研究するという、研究授業のような形態においては、授業実践者はもとより参加者全員が、その授業に立ち現れた問題について、理論性・一般性・法則性をもった認識に導かれることが期待されている。そういう意味では、教師の力量形成に基づく長期的な授業改善につながるものであると言えよう。無論、その場合でも、明日の授業の指針・ヒントを得ることがないわけではないし、ねらわれていないわけでもない。

　一般には、授業研究は、集団的な営みとして行われるので、個々の教師の明日の授業の改善というよりも、教師の力量形成という意味合いが強いと考えられる。

二　「授業研究」の研究と実践と

　私自身は、大学卒業後17年間、中学・高校併設の学校2校に勤務し、同時に中学生・高校生を見続けてきた。

　その間、授業をビデオに録画し、5秒ごとに区切って、その5秒の単位で何が行われているかを分析し、数量的な処理をするといった研究をしたことがある。教師の発言、子どもの発言や活動の時間的な違いを明らかにし、そこから授業の特徴を捉えようとするものであった。それはそれで、共同研究作業としてはおもしろい面もあったが、時間的にも精神的にもきわめて労多く、得られた知見は結

局ビデオをしっかり観察すれば見えてくる程度のものであった。

　研究の客観性という点では意味があるとは言えるが、現場の実践者の営みとしては、決して「経済効率」のよいものではなく、実践的には現実的ではないと思われた。

　今さまざまに言われる「授業研究の方法」について、同じような傾向がありはしないか。時間的な余裕のある、あるいはその結果そのものが目的である研究者にとっては意味あるものであっても、現場の日常の営みとしてはどうかというようなものもありはしないか。研究的な新しい方法を経験することは大事であろうが、そのことによって現場実践者が「疲弊」するのでは、本末転倒である。嫌な言い方をすれば、そんなに手をかける以前に、自身の授業を録音なり録画なりして聞き直す、見直すということがどのくらい行われているのか。自身の授業をしかるべき人に見てもらうということが、一年に何回あるのか。実はその問題が、本当は現場実践の一番の課題であり、実はその方法のほうがよほど確実、着実、有効な授業研究である。

三　教師の力量形成の場

1　授業研究の意義の自覚

　後半の８年間勤務した学校（注：広島大学附属中・高等学校）では、国語科教員８名に、後に書写・書道の１名を加え、計９名で、毎月１回の「月例授業研究」をするという体制が続いていた。８月をのぞいて毎月１回、それに教育実習生など、学生に見せる授業、研

究会の公開授業などがあるから、9名で年間15回程度の授業を公開し、協議していたことになる。

　私は始め、その授業研究が苦痛であった。自分自身すでに9年間の実践経験をもち、ある程度の授業の形もできつつあると思っていたため、改めて授業を見てもらい、そこで「まな板の上に載る」のは、度胸もいるし、心地よいものではない。その場での協議は、基本的には「よいこと」は言わない。「よいのはあたりまえだし、見ればわかる」からである。したがって発言はほとんどが「否定的」であり「攻撃的」である。しかもその授業研究の協議は、放課後5時を過ぎてから2時間に及ぶものであり、さらには、その後食事に繰り出した場でも延々と深夜まで蒸し返されるのが常であった。

　しかし（当然のことながら）、その苦痛は徐々に質を変えていく。基本的に怠惰な人間であるから、授業を公開することが嫌なことには変わりはないが、そこで得られるものもあることを自覚してきたのである。

　そこで得られるものとは何か、それは無論その学習材についての教材研究的な知見であり、また、それぞれの教員の学習指導方法の特徴や有効性である。しかし、それ以上に、私自身は、私自身の授業の方法や、私自身の授業に向かう姿勢（大げさに言えば「思想」のようなもの）を、自分の授業への他者からの批判や他の教員の授業への自らの批評を通して、自覚・確認することの意味が大きかった。

　とりわけ、他者からの批判にどう答えようかとすることで、自身が何を考えていたのか、求めていたのかを明確にしていくことができるという経験は、自分自身の方法の自覚と一般化という点で、代えがたい意味をもっていたように思われる。

11

I 【総論】

② 授業研究の場の実際

　そういった授業研究の場では、具体的には次のようなことが起こる。

　ある先生は例えば、「板書を見ればその教師の力量がわかる」とおっしゃる。それは先生が「発問と板書の構造化による授業」を標榜されていたことの裏返しの表現である。先生の発問によって作られていった板書は、1時間の授業終了時にはみごとに学習材の内容が「構造的」に映し出されているのであった。また先生は板書について、「右から左に書き出したときに、もうその授業はだめだとわかる」ともおっしゃる。

　私自身は、そう言われる先生の授業の完成度に一目も二目も置きながら、その言葉に違和感を覚える。そして私自身の授業の板書をそのように批判されたとき、その違和感はなんなのかを明らかにするよう、自身に突きつけられるのである。

　「黒板の右に書き、間を空けて左に書いたとき、確かに内容的な対応関係・対立関係は明らかになるけれども、間に何が書かれるのか、見当がつかない。それは子どもの意識に添うことにはならないのではないか。」

　「黒板の右に書き、間を空けて左に書いたとき、その間に先生が考える何かが入るという前提になり、先生に導かれるという学習観から脱却できないのではないか。」

　「子どもの読みから出発するという学習を組織しにくいのではないか。」

　「子どもの読みの多様性や、教師とは違う解釈を生かしにくいのではないか。」

私はそのように自問自答しつつ、自身の「板書」についての考え方を整理していくのである。それはまた、板書にとどまらず、子どもと教師の関係をどのように捉え、位置づけながら授業に向かうのかといった、教師としてのありようの根本の問題（思想）を内蔵している。

　私はやはり、教師が準備したものをいかにうまく子どもに受け止めさせるかというのではなく、子どもから浮かび上がるものをどう受け止め伸ばしていくかという考えに、無自覚的に立っていたのだと思われる。

　誤解を恐れてあえて記すが、私はその先生ご自身や、そのご授業の実際、またそのお考えを否定したり批判したりしているつもりは全くない。先生が優れた実践者・教育者であったことは、私の中では自明である。その上で、私は私自身を自覚する鏡として、先生の優れた実践力と理論を捉えていたということである。

　またある協議では、「グループ活動は反対である。だいいち教師が何をしているかわからないようなのは授業ではない」という発言があった。私はグループ学習にはある種の思い入れがあったから、これにはいささか閉口した。もちろん、だからと言ってその先生は私にグループ学習をやめろと言われたわけではない。

　「グループ学習が活性化したとき、教師が図る以上の、あるいは図ったものとは別の何かが子どもの中に生まれる可能性があるのではないか。」

　「活動の中でこそ、子どもの身につくものがあるのではないか。」そんなことを当時は考えていたが、その課題は今、

　「教師と子どもという関係の中で授業を成立させるのではなく、子ども同士の関係を作るよう支援し、その相互触発によって学びが

成立するという学習観に立ちたい。」

「学習の展開の中に、有意味な沈黙を位置づけたい。子どもたちが一生懸命考えているからこそ、誰も何も言わないという時間が存在することは、一つの授業レベルである。」

といった授業観に結びつきつつある。

それらは全て、私自身の学習に対する考え方の変化または深化であり、それは、あの職場の「月例授業研究」があったからこそである。

そういう教師のアイデンティティーの成熟の場として、授業研究の場があったのであり、それは、長い目で見れば、授業改善の基本問題としての教師の力量形成の場である。

四 授業研究協議のあり方

授業研究の場は、授業者にとっても観察者にとっても、こんなことが自分で確認できてよかったと思えるような「それぞれが深まる場」にならなくてはならない。とりわけ授業で提案した人に「二度としない」と思わせるものであってはならない。

授業者の人間性のようなところまで否定的に追及するのは論外だが、逆によく見られるように、「すばらしいご授業をありがとうございました」で済ませるのも、授業者に失礼であろう。授業の提案の労に報いるだけの真剣さで、問題を明確化し、掘り下げ、授業者も勉強になったと満足感を得るようなものでありたい。

さらに言えば、発言に責任をもつ意味では、「代案を準備する」ことが必要である。問題点の指摘にとどまり代案が準備できないのであれば、問題提起して教えてもらうといった感性・姿勢が必要で

ある。まちがっても「ここはどうだ」と、授業者の説明責任のように一方的に突きつけてはならない。それらのことは、授業研究のマナーであると同時に、長く続けるための必要条件でもある。

　観察者の立場から言えば、問題を明確化したり代案を考えたりするためには、観察者自身の課題意識や観察視点が要求されよう。慣れてくれば、全方位的観察から何か気づくことがあろうが、一つくらいは、自分の問題意識からこういう点をしっかり見ておこうといった意識はあるほうがよい。

　ただ、授業者の意図とは別のところで、自分の問題意識によって協議の土俵を作ることは、また厳に避けるべきである。

　実際の協議場面では、司会者の役割は大きく、決しておろそかにしてはならない問題である。

五　おわりに

　「授業研究」と言いながら、最も原始的な方法についてだけ言及したことになる。しかもそれを経験則で語りすぎた。そのことはあまり研究者的スタンスではないかと思われるが、現場実践としてはそのことが原点であるという思いから、あえてそのあり方について駄弁を弄した。

　授業研究は次の授業への指針を得るためのものである。しかし、その積み重ねが、その教師のよって立つところや、個性的な方法・技術を自覚的に捉え、確立していくことにつながる。

　授業研究を一人の孤独な取り組みからでもまず始めて、継続していきたいものである。

II

【提案授業1】

豊かな文学世界の享受と言葉の力の獲得
― 芥川龍之介「蜜柑」（高校一年）―

▶ 配信動画

ウェブサイトで授業の動画を公開しています。下記のアドレスもしくはQRコードからウェブサイトにアクセスして、動画をご覧ください。アクセスの際にはIDとパスワードの入力が必要となります。下記のIDとパスワードをご入力ください。

ID：sanseido-kokugo
パスワード：90VXnQSW07
url：https://tb.sanseido-publ.co.jp/kokugo_practicalsuggestion01/

（配信予定期間　2017年11月1日～2020年10月31日）

一 問題の所在

　私は以前に次のように記している。

　　作品を受け止めることによって自らの生き方を問い直していく、新たな認識とその方法を獲得していく。そういった文学に接する楽しさを保証しつつ、読解技能、ひいては言葉の力をつけさせていく、そのような小説学習指導はどのように可能か、それは決して古びた問題ではないと思われる。(「中学校における文学教材指導上の問題点」『愛媛大学教育学部紀要』第39巻　1992)

　　昔から言われているように、「文学そのものの教育力」はあると言わざるを得ないし、国語科教育においてその点を「価値目標」として位置づける必然性はある。しかしその価値目標は、道徳のように一つの方向性に向かうものではなく、一人ひとりの学習者の中で十人十色に深まっていくものである。その過程で、想像による追体験、人間についての認識の深まり、言葉の機能や美に対する認識の深まり、読み方についての技能の向上が、教室という複数の読者が交流する場を基盤に図られていくということである。(「文学(「こころ」)を教室で読むことの意味」『日本語学』　明治書院　2013.4)

　二つの論述は約20年の歳月を隔てたものであるが、私の大学教員生活を通して、基本的な国語科学習のあり方についての問題意識は、大きくは変わっていないということができる。

　特に高等学校においては、国語科学習目標としての価値目標は重要な意味をもつ。とりわけ文学教材の場合、小学校のような「場面の転換」「気持ちの変化」といった技能目標が意識されないとは言え

ないが、それは身につけるべき力、すなわち目標として意識されるのではなく、内容を捉えるための手段として意識される。

結果として、言葉の力を育てるという意味での「国語科教育」は無視されても、「文学」の世界があればそれで授業が成立するかのような認識が、まだ存在しているように思われる。

むろん私は、文学教材の指導において「文学」に浸る世界が、高校は言うまでもなく、小・中学校においても成立するべきだと考えている。しかしそれは、言葉の力の育成という視点を無視してよいということではない。「文学世界」を強調して価値目標のみによりかかるのではなく、技能目標を強調して味気ない訓詁注釈のような授業に向かうのでもない、そのバランスが意識される必要がある。

「豊かな文学世界の享受と言葉の力の獲得」、そしてそのバランスは、文学教材の学習指導において、普遍的とも言える指標なのではあるまいか。

二　教材「蜜柑」について

「蜜柑」は、古くは1950年、中学二年の教科書教材となり、1990年前後には高校一年の教材にもなったが、1998年版の高一の教科書に採録されて以来、教科書採録からは外れている。これは一つには、高一であれば「羅生門」という定番があることで、結果的に芥川作品が採録されにくいということ、また一つには、「私」の「小娘」の見方があまりにも見下す感じになっている点が、教材として適切かどうかという判断があるのだろうと思われる。特に中学の教科書に採録されないのは、後者の理由によるところが大きいと推察される。

しかし、「蜜柑」は、芥川の作品の中でも小品の佳作であること
は疑いない。また、作中のできごとを通して語り手自身を語るとい
う構造をもつ点で、「トロッコ」にも通じる芥川世界が描かれており、
その意味でも芥川らしい作品であるとも言える。

「蜜柑」は、

- 「小娘」に対する「私」の見方（心情）の劇的変化。
- 「小娘」の境遇についての想像の余地の大きさ。
- 投げ与えられた蜜柑に象徴されるテーマ性。
- 「私」と「小娘」との関係性に関わる作品の構造。
- 蜜柑をはじめ、襟巻、赤切符など、ちりばめられた「小道具」の
  効果。

など、教材とするに値する要素を十分に備えた作品である。

考えようによっては、「羅生門」以上に、作品世界に生徒が入っ
ていくことができる作品ではないだろうか。

「蜜柑」については既に、「小娘の物語」自体が文学世界を形成し
ているという指摘もあり、私自身もそのように作品を受け止めるこ
とが大切なのではないかと考えている。すなわち、「言いようのな
い疲労と倦怠」「不可解な、下等な、退屈な人生」という語り手（あ
えて芥川と言ってもこの場合は差支えなかろう）の認識を詮索する
というよりも、語り手の語りを通して、「小娘の物語」を味わうと
ころに重点を置くほうが、作品としてはおもしろいと言えるのでは
ないか。おそらく、高校生の読後感も、「暖かな日の色に染まって
いる蜜柑」に象徴される「小娘」に目が向けられ、「私」の人生の重
さには向いていきにくいであろう。

そういう意味では、この作品を味わう第一は、「小娘の物語」に
浸ることである。それを踏まえて、語り手の世界に思いをはせるこ

とは可能であるが、それは作品世界だけでは完結しない。「トロッコ」との比べ読み・重ね読みや、晩年の作品との対照が必要となる。

　実際の扱いとしては、とりあえず「小娘の物語」を想像豊かに読み取り、語り手の世界は示唆するにとどめることが有効なのではないか。少なくとも、始めから「作者　芥川」を前面に出す必要はないと考えられる。「小娘の物語」が深く感じ取られれば、自然にそのように見る「私」も感得されるであろう。

三　「蜜柑」の実践

1　実践の概要

（1）対象　　愛媛大学附属高等学校１年１組

（2）日時　　2013 年 2 月 12 日

（3）単元名　「蜜柑」（芥川龍之介）を読む

（4）指導のねらい

　①豊かな文学世界の享受と言葉の力の獲得（前章に既述）

　②読みの技能を背景にもつ発問

　　（アーノルド・ローベル「おてがみ」で、かえるくんががまくんに対してお手紙の内容を話す場面で）「『いいお手紙』というのは、どんなお手紙ですか」とたずねることも可能である。（中略）「いいお手紙」があれば「悪いお手紙」もあるかもしれない。「いいお手紙」という漠然とした言い方を、文脈に即して具体的に説明することで、結果としてがまくんの喜びは理解されるはずである。

　　そのように展開すれば、そこに「抽象的な言い方を具体化して理

解する」という力が要求されていることが理解される。

むろんそれは、小学二年という学習者が確認することではない。しかし、指導者が漠然と気持ちを問うことで結果的に「読みの到達点としての文章内容」にしか到達できないのと、「抽象的な言い方を具体化して理解する」という体験を保障したのでは、学習の質の違いは明らかである。それを技能と言うかどうかは別としても、技能的なものを意識し取り込んでいる学習指導であるとは言える。

読みの力を付けるということは、そういう小さな営みの積み重ねでしかなかろう。(「読むことの学習指導における文章内容と技能」『国語科研究紀要』36号　広島大学附属中・高等学校国語科　2005.9)

③読解過程への書くことの導入

- 青木幹勇『第三の書く─読むために各、書くために読む─』(国土社　1986)
- 書くことの内省機能の発現

(5) 単元目標

- 「私」の「小娘」へのまなざしから、「私」の人生についての見方を捉える。
- 人物像の変化とその原因という視点から、作品の構造を明らかにする。

(6) 指導計画

第1時　「蜜柑」を読み、感想を書く。

第2時(本時)　読みの課題を整理し、「娘の日記」の材料を確認する。

第3時　「娘の日記」を書く。

第4時　「私」の変化を読み取り、人物像を明らかにする。

豊かな文学世界の享受と言葉の力の獲得―芥川龍之介「蜜柑」(高校一年)―

2 本時の指導

(1) 本時の目標

〈価値目標〉 主たるモチーフの「小娘」像を想像豊かに捉える。

〈技能目標〉 主人公像の変化とその原因という小説読解の筋道を捉える。

(2) 本時の展開

学習活動	指導上の留意点
1. 前時に書いた感想を交流する。	・多様な感想を紹介する。 ・主人公の人物像、小娘の境遇、小娘に対する主人公の見方等への気づきを拾う。
2. 読みの課題を整理する。	・主人公像が変化していること、それが小娘への見方の変化であることに気づかせる。 ・主人公の変化の原因である小娘に着目することを告げる。 ・小娘像を明らかにするために、小娘の「今日の日記」を書いてみることを告げる。
3. 教師の範読を聞き、課題について考える。	・小娘はどんな人物か、その「今日の日記」を書くためにはどのような情報が必要かを考えながら範読を聞くよう指示する。
4. 「娘の日記」を書くための材料を確認する。	・小娘像について、気づいたことを交流する。

23

5.「娘の日記」の内容のメモをつくる。	・小娘の日記を書くためにほかにどんなことがわかるとよいかを考える。 ・ノートに書く内容をメモさせる。単語の単位でも、文の単位でもよい。 ・時間があれば、メモの内容を交流させる。
6. 次時の予告	・次時に小娘の「今日の日記」を書くことを告げる。

(3) 板書計画〈略〉

(4) 評価

- 「小娘」像を、想像を含めて豊かに捉えることができたか。
- 小説の構造に基づく読みの筋道を理解できたか。
- 「日記を書く」ことに期待感をもって臨むことができたか。

3 第1時の生徒の感想（第2時の資料プリントとして使用）

　以下は、第1時に書かせた感想を八塚秀美氏（愛媛大学附属高校講師）が抽出してまとめたものである。第2時の感想交流の資料としている。

「蜜柑」初読の感想（1組）

　一つ一つがはっきりと思い浮かぶような描写が印象だった。まるで、作者の灰色の心を映したような灰色にそまったプラットホーム、

世間の卑俗を映したような下品な小娘、退屈な人生を映したような平凡な新聞記事、そして、闇のように黒い煙。最初、全ての目に見えるものが暗くて汚くてつまらない不快なものだったが、トンネルを抜けたとたん、空気に色が付いたようだった。灰色に染まった世界に蜜柑のオレンジ色が鮮やかに浮かんでくる様子は、作者だけでなく、私の心にもくっきりと残った。その鮮やかな蜜柑の色が忘れられないから、「蜜柑」と題したのだろう。（女子）

❷
　「暮色を帯びた町はずれの踏切と、小鳥のように声を挙げた三人の子供たちと、そうして、その上に乱落する鮮やかな蜜柑の色と」という描写は、多彩な色が使われていて面白かった。（男子）

❸
　踏切と三人の子供たちと乱落する鮮やかな蜜柑の描写。最初のプラットホームの描写と対比させていて、より「私」の心が明るい方向へ移っている様子が分かる。（女子）

❹
　この話の風景描写はどことなく全体にうす暗く描かれているが、最後にでてくる蜜柑はみずみずしい鮮やかなオレンジ色となっているので、作品の中でとても映えている。蜜柑は、「小娘」が弟たちを想う、純粋で美しい心がこもっているからこそ、美しい色を出しているのだろう。この蜜柑のおかげで、「私」の心と作品が大きく動いた。だからこそ、「蜜柑」という題なのだろう。蜜柑のおかげで、今まで退屈な人生と感じていた「私」はそれを忘れることができた。蜜柑は、希望の光のような役割を果たしているのではないか。（女子）

❺

　「蜜柑」の色はオレンジ色であり、明るく温かい色である。そして、作品の涜職事件などの暗い時代背景や、寂しい町の雰囲気と、蜜柑の色は反対だ。「蜜柑」の色のように全く明るくなればいいという願いで「蜜柑」という題名にしたのではないか。（男子）

❻

　弟たちへ向けて投げた蜜柑。それは「私」の心を変え、何となく温かい気持ちにさせた。また、暗くどんよりとした町の中に現れた、暖かな日の色に染まっている蜜柑。モノクロのような町だったところに、突如現れた暖かい色をした蜜柑は、「小娘」の弟思いであることや、別れを惜しむ気持ちを抑えているような感情が感じられる。「蜜柑」が「小娘」によって投げられた瞬間、三人の子供と「私」「小娘」は、みんな蜜柑を見ていただろう。「蜜柑」によって、「私」は、見ることもいやだった「小娘」につながることができたのだ。（女子）

❼

　「私」は、自分の生きている時代、社会がとてつもなく退屈でつまらないと思っている人。檻に入れられた子犬のように、社会という檻に閉じこめられた孤独な人で、いくら嘆いてもどうにもならない状況であると感じた。また、「小娘」に対し、下品、不快、愚鈍な心と思うところや、平凡な記事しかない夕刊、というところで、「私」が自分は非凡な人であると感じていて、社会に飽き飽きしているところが感じられた。（男子）

❽

　「私」は、自分の人生をつまらないと感じ、疲れているという描写などから、冷めているという印象がある。自分の思い通りにいかない人生にイライラしているようにも感じる。反対に「小娘」は、

田舎暮らしで裕福でもないはずなのに、これからの人生や未来について期待しているような、「私」にはない何かが感じられる。（女子）

❾

最初と最後の「不可解な、下等な退屈な人生」という言葉が印象に残った。退屈な世の中にうんざりし、生きていることがどうでも良くなっていた「私」。一人の少女に出合ったことにより、色のない「私」の人生にパッと色が付き、生きていることに面白さを見いだせるようになったのだろう。人間の心の闇や、複雑な心境を細やかに表している作品だと思った。（女子）

❿

「私」は、毎日同じような出来事、同じような事件、同じような人々に飽き飽きして旅行をしたのだろう。しかし、そこでも日常を忘れられることはなく、その苛立ちから「小娘」を嫌った。それが、「小娘」が鮮やかな蜜柑を投げた光景を見た時、どんな問題よりも事件よりも大きな出来事のように感じた。「私」の心を晴らしてくれたのは「蜜柑」であり、あの「小娘」だった。それは、「私」にとって幾分悔しいことであったかもしれないが、同時に「小娘」の家族を思う気持ちを思わずにいられなかったのであろう。「小娘」は、「私」に長い間忘れていた誰かを大切に思う気持ちを思い出させてくれたのではないか。それは、「私」にとって「えたいの知れない」また、「朗らかな心持ち」だったのではないか。（女子）

⓫

「私」は混沌とする世の中に疲れ切った人。色あせた世の中に呆れ、疲れ、生きていることすら億劫であるように感じられた。そんな中出合った「小娘」に対し、初めこそ嫌悪感に似たものをもっていたが、彼女の踏切で見せた行動と、空に舞った蜜柑の鮮やかな色が、色あ

せた「私」の世界に色を、光をともしたのではないか。その灯された小さな光は、これから先の「私」の人生を大きく動かしていく気がした。「小娘」は「私」にない光・色をもっていた。灰色がかった冷たい「私」と、暖かな日だまりのような橙の「小娘」。（女子）

⓬

「私」にとって、最初「小娘」は、不潔で下品な顔立ちの上に、二等三等の区別もわきまえない不快な存在だった。（人間の心理として、一度不快に思うと、良いところさえ見えなくなってしまうことがある。「私」にも同じ心理が働いたのだろう。）しかし、わざわざ踏切まで見送りに来た弟たちに蜜柑をなげて労に報いた様子を見て、「私」は「小娘」の見方が変わる。三人の子どもたち、蜜柑、汽車という光景に「私」は何とも言えない感動を覚えたからではないか。（男子）

⓭

「小娘」の行動を悟った瞬間に、ついさっきまで抱いていた悪い感情が消え、「私」は優しい気持ちになった。一気に変わったので、「えたいの知れない」心持ちだったのではないか。（男子）

⓮

「私」は毎日疲れ、世の中の些細な出来事も憂鬱に感じている。そんな「私」だから、目の前に現れた「小娘」の顔立ちが下品に見えたのだ。「私」は、自分自身のことも、周りの全てのものも平凡で退屈な人生の象徴だと思っているが、「小娘」のおかげで「平凡」「憂鬱」「疲労」から遠のくことができた。「私」はもう、「小娘」のことを退屈な人生の象徴とは思わなくなった。（女子）

⓯

「あるえたいの知れない朗らかな気持ち」というのは、「小娘」の

弟たちに幾顆の蜜柑を投げる行為に優しさを感じたから芽生えた気持ちだ。初め「私」は、「小娘」の貧しげな姿やいくつかの行動を不快と感じていたが、娘の見送りに来た弟に報いる様子に、初めて好感をもった。それと同時に「私」の心持ちを暗く染めていた疲労と倦怠、不可解な、下等な人生を忘れられるくらい、強く印象に残った。それを象徴するように投げられた蜜柑の暖かな日の色が、「私」の憂鬱を忘れさせてくれたから、この題名にしたのだろう。(女子) ⓰

　いいようのない疲労と倦怠に包まれていた「私」は、目の前に座った「小娘」を見た目のまま判断してしまった。だが、普通それほどの疲れを感じていたなら、ただの田舎娘のことがそんなに気になるだろうか。「私」は、疲れと倦怠を、「小娘」を見ることによってさらにつのらせたのだと思う。だからその分、後に見せた「小娘」の行動が「私」の疲れと退屈な人生を忘れさせるほどの感情を抱かせたのだろう。(女子) ⓱

　最初こそ、「小娘」を汚いものでも見るかのように見ていたが、弟たちと小娘の兄弟愛に心を打たれた。真っ暗で空っぽだった「私」の心に鮮やかな色が付いたように感じた。(女子) ⓲

　初めは、まるで小娘の全てを知っているかのように全面的に嫌っていたが、小娘の行動を見て、小娘に言いようのないいとおしい気持ちを感じ、同時に、自分の心の未熟さを感じた。(女子) ⓳

　筆者の退屈な人生の刹那に刻まれた一つの記憶。せつないほど鮮明に、強く深く脳裏に焼き付く。なんの変哲もない平凡な日々に訪

Ⅱ 【提案授業1】

れた些細な出来事。「蜜柑」。蜜柑が芥川に小説を書かせたのだろう。この小説を読んだ後、大人になって出合うかもしれない退屈な日々の恐怖が芽生えた。それと同時に、日々の中の些細な出来事にももっと目を向けたいと思った。（男子）

⑳

　小娘の特徴を言う際に出てくる萌葱色の襟巻き。これが彼女の色の象徴なのだろう。（女子）

㉑

　「蜜柑」といえば、甘酸っぱくて、オレンジ色で、手頃で、こたつに入って食べたりする果物。だから、暖かい、優しいイメージがするが、それは最初の「私」の気持ちと正反対の感情で象徴的だ。（男子）

㉒

　「小娘」は金を持っていない。そんなことくらい分かっている。／だがこの「小娘」は…。「小娘」は必死に生きているじゃないか。／自分は広い世界の一端を知っただけでこの世界に絶望してしまった。／自分に足りないものに気付いたようだ。／自分もこのように貪欲さの中にある優しさを求めていきたい。そう生きていきたい。／ぼくはまだ未完（蜜柑）だったようだ。（男子）

※紙面の都合上、内容をカットしている部分もあります。また、類似意見については省略しています。

---

④ 第3時以降の概要

　本指導では、第2時のみを三浦が担当し、第1、3、4時は、八

豊かな文学世界の享受と言葉の力の獲得―芥川龍之介「蜜柑」(高校一年) ―

塚秀美氏が担当している。

(1) 第3時「小娘」の日記を書く

第3時は、予定通り「小娘の日記」を書くことに費やされた。その例として次の二例をあげる。

Ⓐ

今日、私は上京して奉公に行くことになった。東京にいるおじの知り合いが教えてくれた奉公先である。ついさっき到着して、あいさつを済ましたばかりだが、やはり住みなれた町の人とは違う「都会っぽさ」を感じた。少し心細くもある。だが、小さな弟たちを遠縁の親戚に養ってもらう以上、自分が働きに出るのは仕方のないことだろう。おじ、おばとてそう裕福な人たちではない。家を出る前に心配して沢山の蜜柑を渡してくれたことだけでもありがたいと思うべきなのだ。その蜜柑も、電車から踏切で待つ弟たちに渡してしまったが。もちろん後悔はしていない。弟たちはあまりに幼すぎて両親が生きていた平和な時期にはまだ乳飲み子だった。あのころは父が職場から戻ってくるお正月になると、お土産に色鮮やかな蜜柑を持って帰ってくれた。それが楽しみでお正月が待ち遠しかったのをよく覚えている。今日も蜜柑を見て、不意に泣き出しそうになった。あの甘酸っぱい味をもう一度感じてみたいとも思った。でもまだ食べたことのない弟たちにあげることにした。私が蜜柑で両親を思い出すように、弟たちが私が投げた蜜柑を食べて一人の「姉」として私のことを思い出せるように。家に一番近い踏切に並んだ弟たちの「姉ちゃん」という叫び声がよみがえる。あのとき、決意で固められた私の心がほんの少しだけ崩れた。おじとおばに別れを告げ

31

る時も、電車から弟の声を聞きたくて窓を開けようとした時も大丈夫だったのに、あの叫び声を聞いた時初めて「家に帰りたい」と思ってしまったのだ。その思いものせて、蜜柑を投げた。だからこうして今、私はちゃんと奉公に行くことができたのだと思う。投げる時に何もかも振り払ってきたから、もう蜜柑がなくても、私はもう迷うことなく仕事をこなすことができるだろう。

　そう言えば、あの人は誰なのだろう。私がまちがえて二等客車に乗ってしまい、駅員さんにとても払えない多額のお金を要求された時、代わりに払ってくれた、私の前に座っていた人だ。初めは怖いと思った。身なりは私よりずっと良くて裕福な人のように見えたが、その表情は物憂げで、なんだか世の中のすべてを恨んでいるように見えて、とても怖かった。そんな人がなぜ払ってくれたのだろう。疑問は多いが、感謝してもしきれない人だ。その恩を書き留め、今日は終わろうと思う。

Ⓑ

　今日から奉公に出ることになった。お父さんもお母さんも、毎日一生懸命働いてくれているけど、子どもが四人もいると、お金が足りないみたい。どんな奉公先なのかな。掃除や洗濯が主な仕事だって言ってたから、きっと大きなお家なんだろうな。正直言うと怖いし、ドキドキするし、行きたくない。家からずっと遠い場所だって言ってたから、あんまりみんなと会えなくなるんだろうな。

　昨日の夜はお母さんと一緒の布団で寝た。すっごく温かくてちょっとだけ涙が出た。お母さん気づいたかな。

　今日の朝、お父さんとお母さんが仕事に行くとき、二人とも「ごめんね」って言った。仕事で見送りにいけないんだって。さびしかったけど、それは言ってはいけないんだろうなって思って「いいよ」

って言った。今乗ってるこの電車の出発時間が夕方だったから、洗濯と弟たちの夕飯だけ作っておいた、私がいなくなったら、これからは長男がご飯作るんだろうな。みんなで協力して、仲よくしてほしいな。

　長男は結構器用で、何でもできちゃう子。次男は遊ぶのが大好きでいつも服を汚してた。三男はお母さん大好きで、よく泣いてたな。いつか、みんなの顔とか、忘れちゃうのかな。そうなったらどうしよう。私、もっとあの家にいたかった。ボロボロでも、小さくても、あそこにいるとほっとするんだ。

　もうすぐ踏切だ。弟たちとこっそり約束して、あの踏切まで見送りに来てくれる。昨日、みかん山から内緒でみかんをもらってきたから、それをあげようと思う。

　弟たちが踏切のそばで一生懸命何か言っていた。列車の音がうるさいし、みんな何言ってるのかわかんないよ。でも、ちょっとだけ聞こえた。「頑張って」とか「負けないで」とか、応援ばっかり。もうちょっと淋しがってくれたらいいのにって思ったけど、でも、ちょっと頑張ろうかなって思えた。

　あのみかんが弟たちに届くように思い切り投げた。思い切り手を振った。

　寂しいのは変わらないし、怖いのも変わらない。でも、頑張ってくるよ。お姉ちゃん負けないよ。

　私が電車に乗った時、すでに乗っていた男の人が、私を見ているのを感じた。迷惑な娘だって思われたかもしれない。こみあげてくる涙を、落ち着かせることができたら謝っておこう。そしたらもう、泣かないようにしよう。

　ちゃんと、胸張ってみんなの所に帰れるように、頑張ろう。

Ⅱ【提案授業1】

（2）第4時の指導──文集づくり

第4時について、以下のような報告を八塚氏から受けている。

　　実際の授業時間内は、文集作りで終わってしまいました。

　　各クラスともに、20名分（40名中）の日記を印刷し、冊子にしました。（※希望者には他クラスの冊子も配布しましたので、60名分を持って帰った者もいます。）

　　しかし、冊子を配布して終わったのでは「私」についてまで触れることができないので、文集の表紙に下の**参考資料①**の指示を印刷し、学年末考査でそれぞれに書かせることにしました。

参考資料①

　各クラス、20名分ずつ掲載しました。それでも、かなりの分量となってしまいました。全員を載せられなかったのが残念です。

　今回の「小娘の日記」を書くことを通して皆さんが思い至った小娘の生活が、「私」が「一切を了解した」内容と考えられます。

[課題] この「小娘の日記」と、「初読の感想」を読んで、次の内容
　　　　について、あなた個人の<u>数行のまとまった意見が書ける</u>よ
　　　　うに準備しておくこと。
　1　主人公の「私」が、この「小娘」の生活の「一切」を「了解」す
　　　ることで得ることのできた「あるえたいの知れない朗らかな
　　　心持ち」とは何か？（了解した内容にふれながら説明できる
　　　こと。）
　2　「1」のような心持ちになる「私」を描きながらも、作者芥川
　　　は「不可解な、下等な、退屈な人生を僅かに忘れることがで

34

きたのである」と小説を結んでいる。なぜ作者は「僅かに」と限定したのか？　あなたなりに「私」や、「私」の生活などについて想像しながら、考えを述べること。「僅かに」という言葉のもつ意味などにこだわってもよい。

参考資料②（実際の学年末考査の問題）

問一　「私」に湧き上がってきた「あるえたいの知れない朗らかな心持ち」を説明せよ。「私」が、「刹那に一切を了解した」内容にふれながら、説明すること。

問二　最後の一文「私はこの時初めて、言いようのない疲労と倦怠とを、そうしてまた不可解な、下等な、退屈な人生を**僅かに**忘れることができたのである。」について、なぜ、「**僅かに**」と限定しているのか？（なぜ「私」は「**僅かに**」しか忘れることができないのか？）「私」や、「私」の生活などについてふれながら、あなたの考えを記せ。（「僅かに」という言葉のもつ意味などに拘ってもよい。）

参考資料③　生徒の記述（期末考査解答から）

A　「あるえたいのしれない朗らかな心持ち」とは？

❶

　この少女は、ただの常識知らずの田舎者ではなかった。おそらく家が貧しく、このままでは、家族全員が生きていけなくなるくらい追い込まれていたのだろう。幼い弟たちはまだ働くことができず、小娘が奉公先へ行くことになった。不安だろうに。でも、家族を支えるために小娘はこれから一生懸命働くのだろう。つまり、世の中

嫌なことだらけではないのだな。まだこんなにも心優しい人間がこの世界にはいたのだな、という驚きと共に感動さえも入り混じった気持ちのことではないか。

❷

「私」は、奉公先へ向かう小娘が、弟たちへ蜜柑を投げる様子を見て、曇天のような薄暗いニュースしかない世の中で、必死に生き、そして弟たちの事を気にしながらも奉公先へいく小娘に感動し、蜜柑のあたたかな色が、さらに、その感動が心の中に染み渡ってきた。

❸

下品な娘の不可解な行動の数々。なぜ、霜焼けだらけの手で重たい窓を必死に開けようとし、煙をあびて半身を乗りだしたのか。下品な姿でこの汽車に乗ってきたのか。そんな男の疑問は娘の投げた蜜柑によって解決へ向かった。蜜柑のあたたかな色が自分の灰色の心に色を付けたことに気付いた。その色が、自分に対して何を意味するのか男には分からなかったから、「あるえたいの知れない」となっている。「朗らかな心持ち」は、姉と弟が交わす想いと蜜柑の色を重ね、自分の心に色が付いたことを自覚することができたということ。

❹

小娘が見送りにきた弟たちの労に報いて蜜柑を投げたのを見て、「私」は相手を思いやる気持ちを思いだした。しかし、その気持ちは「私」が長い間忘れていた気持ちであり、いきなり思い出した気持ちでもあったので、「あるえたいの知れない心持ち」のように感じた。

B　なぜ『僅かに』なのか。

❶

　芥川が生きていた時代は、政治的にも社会的にも大きな変化が起こっていた時代。そんな変わりゆく世界に芥川は人生に不安と絶望をおぼえていた。小娘と出会ったことで、変わっていくものもあるが、変わらないものもあると、少し安心感ややすらぎを感じていた。しかし、それも小娘と汽車の中で一緒にいた時まで。汽車を降りればまた、退屈な世間に引き戻される。「私」はせめて小娘と一緒にいた瞬間だけは、忘れたかったのだ。

❷

　疲労・倦怠や、不可解な、下等な退屈な人生を忘れることができたが、自分の置かれている立場、目の前にある新聞記事など、周りの状況は何も変わっていないから、「僅かに」しか忘れることができなかった。

❸

　「私」は毎日同じ仕事をし、何も変わらない世の中を悲観してきたのだろう。しかし、この汽車の中で小娘がおこした行動は、この「私」にとって「イレギュラー」な事だった。それは、まるで曇天の空にまう幾顆の蜜柑のようだった。そして、それは「瞬く暇もなく通り過ぎた」。この汽車をおりてから、またいつも通りの世界に戻ってしまうから、「僅かに」なのだろう。

❹

　私は、今まで見てきたものと違う小娘の不可解な行動と「色」に触れ、新しい視野をもつことができ、その色が自分を潤したことに気付き、自分の人生を僅かに忘れることができた。「僅かに」と限定しているのは、これから先男が自分でその「色」を広げていくから。

❺

　「私」は普段から癒しようのないほどのストレスを抱えてしまっていた。だから、大きいストレスの一部しか癒せなかったのだろう。「退屈な人生」というところで、何かしらの刺激や変化を求めていたのかもしれない。きれいなその情景は、きっと「私」にとって刺激だったからその瞬間だけ忘れられたのかもしれない。

四　考察

1　研究協議の自評より（録音の文字おこし）

　授業当日、研究協議の自評として、私は以下のように述べている。

　授業のねらいのところから少しお話ししますと、指導略案の指導のねらいの「豊かな文学世界の享受と言葉の力の獲得」というところで、いちいちは読み上げませんが、1992年、私、1991年に愛媛大学に来ております。1992年に書いたものに、やはりそこに、作品を受け止めることによって自らの生き方を問い直していく新たな認識と、その方法を獲得していくという読解技能、その両輪をどのように保証できるのかというところを1992年に書いております。ついこの間書いたものにも、同じようなことを書いております。結局、国語科授業で文学を扱う以上は文学世界を享受するというところとそれらを通して、あるいは、それと平行して、言葉の力をつけるという両面の保証が必ず必要であるという前提に立たざるを得ないというのは、20年変わっていないのだなという気がしています。

その間に次の「読みの技能を背景にもつ発問」というのは、この「お手紙」というのは小学校一年生二年生の教材ですけれども、「かえるくんとがまくん」というのがありまして、もらった手紙を「ああ、いいお手紙だ。」というところがありますが、そのときに、「この時のかえるくんの気持ちはどんな気持ちですか。」というふうに現場ではだいたい尋ねるんですけれど、そうじゃなくて、「いいお手紙とはどういうお手紙ですか」と尋ねるほうがいいのではないかと。それはいいお手紙もあれば悪いお手紙もあるわけで、この場面ではいいお手紙とはどういうお手紙なのかということを明らかにすれば、自ずといいお手紙であることによる気持ちというものもわかってくるだろう。すると、いいお手紙という言葉を、抽象的な言葉を具体的に説明することによって、結果的に気持ちもわかるということです。

「どんな気持ちですか。」と尋ねたら気持ちを尋ねるだけです。けれども、「いいお手紙はどんなお手紙ですか。」と尋ねれば、抽象的な言い方を具体化していくという読みの技能がそこには反映されていて、その結果、気持ちもわかってくることになるだろう。だから、私は最近、発問というのは読解技能の具体化だという気持ちがしています。

「こういうところに着目してこういう疑問をもったらこんなに読みが深まるんだよ。」ということを、「こんなところに着目して、こういう疑問をもったけどどうですか。」という発問にしていくということが大事なんだろう。そういうことが積み重なることによって読みの力というものがついてくる。つまり、読みの力というものは文章を読みながらの疑問のもち方だろうと。そういう疑問のもち方を多様に数多く持っていて、それをパソコンで検索するがごとくに

回転させながら読むというのが、読むという行為なのかなと思っています。

　そういう意味では、発問が技能の裏打ちをもっているということは非常に重要なことなんだなと思っています。今日の授業で言えば、そのあたりのことは、はじめの「豊かな文学世界を享受する」というのは「この作品をどう読むか」ですが、この作品についてはもうすでに研究的にいろいろ言われているように、「小娘の物語」そのものが作品であって、あとは芥川が言いたいことを言うと、こう額縁のようにつけ足しただけだというような作品分析もされておりますので、小娘の物語を深く受け止めることのほうが、つまり子どもが印象に残っているのが、「あたたかな蜜柑の色」という、あの印象というのは結果的には小娘の色であって、「私」の色ではないわけです。そのことを深めることによって「僅かに忘れることができたのである」という、あの「僅かに」という重みもわかってくるのではないかというふうに考えます。

　「豊かな文学世界の享受」というところは、「小娘の物語」、「小娘の日記」を書くというところで保証したい。読みの技能を背景にもつ発問というのはこの主人公像の変化に小娘の存在というのが機能している、その小娘の存在を深く読むことが、この変化を説明することになるんだという、その流れで授業したというところです。

　最後の「読解過程への書くことの導入」というのは、青木幹勇先生の「第三の書く」にありますように書くことの内省機能、書いていく、書くという行為によって内省的な機能が発現する、いろいろ考えが深まっていくということですから、日記を書けというところは、小娘の立場に立って小娘がどういう状況であるのかということを追体験していくことができるであろうということ、意図としては

そういうことです。

　本時の授業ですが、本当は書いたものをいくつかピックアップしたものを本人に読ませて、それについてどう思うかというというのを何人かに言わせるということでやりたかったのですが、それでやるとそれだけで45分終わってしまう気がしまして、小娘の日記を書くというところまでがどうしてもやりたかったものですから、結果的に前半の説明もぐちゃぐちゃしてしまってうまくいかなかったなあと思っています。日頃、教師はしゃべるなしゃべるな、と言っておきながら、しゃべりすぎたことを深く反省しております。

　最後の生徒に日記に必要な情報を発表させるところですけれど、時間の配分の問題もありますので難しいところですが、前半の主人公像の変化を整理するところまでがなければ、ここのところはもっとゆっくりやれて、もうちょっとは、汽車に乗る前の小娘の様子のところへ、もう少しは行けたのかなという気がしております。

② 自評のまとめ

　これらを改めてまとめれば次のようになろう。

（1）言葉の力の獲得と読みの技能を背景にもつ発問

　〈技能目標〉として「主人公像の変化とその原因という小説読解の筋道を捉える。」とおいた。

　実際の本時の指導では、板書が次のようになされている。

【提案授業1】

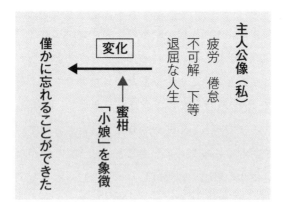

　すなわち、「疲労　倦怠　不可解　下等　退屈な人生」を「僅かに忘れることができた」という変化の原因は、「小娘」の存在であり、それを蜜柑が象徴している、という図式を描いたわけである。

　そこでは、「作品の初めと終わりの主人公像の変化が、作品として描かれている中心的な内容になる」という文学の読解の基本的技能が示されていることになる。この点を明示して「小娘の物語」を明らかにしようという読解の筋道は、読みの力の育成としては、重要な観点であったと考えている。

　また、「小娘の日記」を書くということは、視点人物あるいは語り手から離れて物語を再構築するという行為である。こういう着眼は、決して珍しいものではなく、「羅生門」の老婆、「舞姫」のエリスあるいはエリスの母などの視点から物語を再構築する手法は、国語科学習指導でこれまでも多く用いられてきた。今回の実践では、主たる物語は小娘の生活であるにもかかわらず、作者に近い語り手によって語られているという作品の特性から、小娘という視点から物語を再構築することの有効性が際立ったのではないかと思われる。

　生徒の中に、こういった「読み方」（想像の仕方）を意識するもの

がいることは、期待していいのではないか。

　こういった「技能」は、高校の学習では、教師の側には意識されていても、生徒の側にはとかく置き去りにされがちである。より高いレベルの「自立した読者」を育てるためには、意識しておかねばならないことであろう。

（2）豊かな文学世界の享受

　授業の「本時の目標」に、〈価値目標〉として「主たるモチーフの『小娘』像を想像豊かに捉える。」を置いた。

　この点については、生徒の「日記」に示されているように、「想像豊かに捉える」という点はクリアしたと思われる。それは言うまでもなく、「読解過程への書くことの導入」による、内省機能の活性化によると思われる。

　例えば前掲の日記例A（31ページ）の生徒は、両親が死んでおじ、おばに育てられている、みかんはそのおじ、おばからもらった、などの「想像」で読んでいる。さらに「家に帰りたい」などの心情は、「私」の視点で描かれている以上当然、作品中には全く出てこないものであった。

　また、日記例B（32ページ）の生徒は、「昨日の夜はお母さんと一緒の布団で寝た。すっごく温かくてちょっとだけ涙が出た。お母さん気づいたかな。／今日の朝、お父さんとお母さんが仕事に行くとき、二人とも『ごめんね』って言った。仕事で見送りにいけないんだって。さびしかったけど、それは言ってはいけないんだろうなって思って『いいよ』って言った。」などと想像を広げている。

　こういう想像の広げ方は、発問による応答では出てきにくい。「書くこと」の効果である。また、これが文集の形で読まれることが、

生徒たちのさらなる想像を深めることは、想像に難くない。

　これらの想像の中に、場合によってはにわかには容認しがたい内容が含まれるとしても、そのことによって生徒たちの「みかん」による文学体験が減ぜられたとは考えない。むしろ「文学の享受」という点では、多少の誤解、誤読があっても、教師が説明する「正解」よりも、文学体験としては深いものとして生徒に定着すると思われる。その点を大切にすることは必要なのではないか。ここにはまさしく「主体が作品とぶつかる」姿が見て取れよう。

　さらに言えば、そういった主体的な姿勢の形成を可能にしたのは、初読の感想の交流である。第２時では、教師のコントロール下ではあったが、生徒の感想を紹介しながら、多様な読み方、気づきを提示することができた。その中で、生徒は、正解を探り当てようとするのではなく、他者の読みと自分の読みを比較して、自分の読みを意識せざるをえない。そして自分の読みを説明するために、他者の読みと比較しながら考えを深める。ここには、自らの言葉で考えを深めるという、言葉による思考の訓練の様子が立ち現れる。

(3) 読解過程への書くことの導入

　具体的には、第１時の感想、小娘の日記、さらにあえて言えば期末考査問題の二つの課題について、生徒たちは考えをまとめる作業にかかったわけである。書くことには「伝達の機能」と「内省の機能」とがあるが、先述したように、発問に答えるのではなく、書こうとすることによって、内省の機能はより十全に発揮され、前掲の「小娘の日記」に現れるような「想像」が可能になったと言える。その具体は、前項で指摘した通りである。

　同様のことは、たとえ期末考査の解答という形であっても、「『あ

るえたいのしれない朗らかな心持』とは？」「なぜ『僅かに』なのか」という問いかけに対するものでも見てとれる。

　書くこと自体によって想像を豊かにし、作品世界に浸っている姿が立ち現われたと言ってよい。

（4）その他──八塚氏による展開上の工夫

　今回の実践では、高校生がよくここまで感想を書いているという思いがあった。八塚氏から感想のまとめをいただいたときには、ここまで書けるのならもう指導は必要ないのではないかとさえ思われるほどであった。

　しかし、八塚氏からもらった生徒の感想のコピーから、この感想の質の高さの原因が推察された。八塚氏は、感想の記入用紙に、次のような七つの「視点」を提示し、それに基づいて書かせていたのである。

　次の1〜7のいずれかの□にチェックを入れて選び、選んだ内容について感想を書きなさい。

□ 1　一番印象に残っている描写はどこか。具体的に。なぜ残ったのか。

□ 2　一番印象に残っている場面について、なぜ印象に残ったのか。

□ 3　登場人物「私」は、どんな人物だと思ったか（考えたか）。

□ 4　登場人物「小娘」は、どんな人物だと思ったか（考えたか）。

□ 5　登場人物「私」の心情はどのように変化していったか。

□ 6　「あるえたいの知れない朗らかな心持ち」とは？　具体的に。

□ 7　なぜ、「蜜柑」という題名だと思うか。

Ⅱ 【提案授業1】

　このような書かせ方を、発想を規定するなどの理由で敬遠する向きもあるが、こういう指示があるからこそ書けるのは事実である。いつもこういう方法を用いることが効果的なのかと言えばそれは断言できないが、今回のような授業を展開するためにある程度の質の感想が欲しい場合には、有効な方法であろう。

　八塚氏のこの配慮が、今回の授業をうまくスタートさせることになった。

　また、日記を書かせる前後の配慮も見逃せない。氏は、文集の表紙に、次のように記している。

［課題］

　この「小娘の日記」と、「初読の感想」を読んで、次の内容について、あなた個人の数行のまとまった意見が書けるように準備しておくこと。

1　主人公の「私」が、この「小娘」の生活の「一切」を「了解」することで得ることのできた「あるえたいの知れない朗らかな心持ち」とは何か？（了解した内容にふれながら説明できること。）

2　「1」のような心持ちになる「私」を描きながらも、作者芥川は「不可解な、下等な、退屈な人生を僅かに忘れることができたのである」と小説を結んでいる。なぜ作者は「僅かに」と限定したのか？　あなたなりに「私」や、「私」の生活などについて想像しながら、考えを述べること。「僅かに」という言葉のもつ意味などに拘ってもよい。

46

「小娘の置かれた状況」を「日記」という形で記しながら、この指示（発問）は、作品の急所である「私」と「小娘」をつなぐところをみごとに浮かび上がらせるものとなっている。

この問いかけは、期末テストにおける問の形でまとめられ、生徒たちの読みを確定させたり深めたりする機能を果たしている。

五　おわりに

国語科の学習は、本質的には「言葉で考える力の育成」である。それに付随して、「表現・理解のための技能」と「言語文化に対する造詣」という課題が生ずる。

そのように考えたとき、レクチャー型の授業は言うまでもなく、教師が用意している「正解」を探り当てようとするような形の「発問型授業」が、はたして今日的な授業と言えるのか。せめて「問答」に近いものになるべきではないか。あるいは、学習者同士を関わらせ、より納得できる表現や理解を求めるような学習の姿を追究できないか。

今回の実践はその思いを、なんとか具体にしてみようという試みであった。実際の授業の成否はともかく、一つの小さな提案として受け止め、ご批正いただければ幸いである。

［補記］

本実践は、第１時、および第３時以降、八塚秀美氏（愛媛大学附属高等学校講師）に委ねられた。提案は三浦の考えるところであったが、実践の全体像としては、その完成度を八塚氏の展開に負うところが大きい。感謝をこめてあえて付記する。

Ⅲ

【提案授業２】

文学として味わう「古文」（伊勢物語）
―現代語訳・課題のあり方を中心に―

▶ 配信動画

ウェブサイトで授業の動画を公開しています。下記のアドレスもしくはQRコードからウェブサイトにアクセスして、動画をご覧ください。アクセスの際にはIDとパスワードの入力が必要となります。下記のIDとパスワードをご入力ください。

ID：sanseido-kokugo
パスワード：90VXnQSW07
url：https://tb.sanseido-publ.co.jp/kokugo_practicalsuggestion02/

（配信予定期間　2017年11月1日～2020年10月31日）

Ⅲ 【提案授業2】

一 問題の所在

　古文に限らず、漢文も含めて、古典の学習の閉塞感が強い。

　その理由は、大きくは次のように考えられないか。

　ひとつは、「薀蓄を傾ける」ことができる教師が少なくなった。つまり、その作品に対する研究の深さが期待しにくくなり、本当の「おもしろさ」を伝えられなくなってはいないか。といって一方、読者論的な学習者主体の学習が構築されているとはかぎらない。

　ふたつには、英語を訳すことができるようになるのと同じ感覚で古典に向き合う結果、現代語訳ができるようになることが、無意識的にでも指導の（最終）目標になっているのではないか。英語と古典を同一視することはできない。古典は（訓読した漢文も含め）「日本語」である。しかし、現在進行形で生きている英語と違って、古典の言葉は日常生活的には「半死の状態」である。話したり書いたりできるようになることが期待される英語に対して、古語は話したり書いたりまでは要求されていない。

　一方、古典は文学としての価値の追究が期待されるのに対し、高校段階の英語は「芸術文学」として追究されるものではないであろう。

　一般に古文の学習の意義については、以下のように捉えることが可能である。

A　日本語の歴史を捉える。

B　民族の精神史を捉える。

C　文学として享受する。

D　言語感覚や読解力等の言語能力を育てる。

Cについては、リズムなどの言葉の美しさといった側面と、今と同じ人間の姿・今と違う人間の姿を通して、現在の自分たちを発見するおもしろさという側面があろう。リズム等はDにも通ずる。

また、これらを別の実践レベルの言葉として捉えなおせば、

(ア)古文を自力で読む知識・技能を身につける。

(イ)文学として読み解き、味わう。

(ウ)古文を読書対象として楽しむ態度を養う。

のように考えることもできる。

しかし、例えば平成26年度のセンター試験国語の漢文問題が、書き下し、現代語訳、大意の把握にとどまり、解釈・内容探究が行われていないように、現実の古文の学習が、結果的にある程度の現代語訳ができればよいというところにとどまる傾向はないとは言えない。冒頭で「閉塞感」といったのは、そのような傾向をさしている。

古典の学習への生徒の期待が裏切られるのは、(ア)の充足は図られるけれども、(イ)(ウ)に踏み込まれていない傾向があるからではないか。

もし古文(漢文も含めて)の学習が現代語訳にとどまるのであれば、それは現代文の学習において、通読させたところで終わっているのと同じである。「文学を読む」という部分は、完全に読者である生徒に委ねられていることになる。問題は、現代語訳の上に何をするか(どう読み深めるか)であろう。

また、そもそも現代語訳が必要かという議論もあろう。古文を古文として読んでいく力の前提として、全ての言葉を辞書で引くというのではなく、ある程度の量を読んで古文のリズムに慣れ、なんとなくわかるようになるということも、言葉の学習としては大切な視点である。その時、現代語訳に精力を傾ける学習そのものが本質的

51

Ⅲ【提案授業2】

なものかどうかは疑問だとも考えられる。

　そのような問題意識のもと、以下のような提案的な授業を展開した。

二 学習指導計画

1 実践の概要

（1）**指導者**　愛媛大学教育学部　三浦和尚
（2）**対象**　　愛媛大学附属高等学校1年2組
（3）**期日**　　2014年2月10日
（4）**単元名**　「宇佐の使ひ」（『伊勢物語』60段）を読む（資料①・70ページ）
（5）**指導のねらい**

　今回の「伊勢物語」60段の授業は、次のような提案性をもって展開する。

①できるだけ口語訳に頼らない授業がどのように可能か。

②音読の重要性を確認する。

③文学として読み深める発問、あるいは活動はどのように可能か。

2 本時の指導（全1時間扱い。ただし結果的に2時間を要した。）

（1）**本時の目標**

・人物関係を整理しながら、男の行動の意図、女の心情を捉え、味わう。

〈文法事項〉

- 係助詞「ぞ」のはたらき
- 打消意志の助動詞「じ」

(2) 本時の展開

学習活動	指導上の留意点
1. 本文音読	• 生徒指名音読。
2. 辞書を引く	• 話を考えるうえでポイントになると思われる語句一つを選び、その意味を調べる。「まめなり」「さらずは」「飲まじ」あたりを念頭に。
3. 話のあらましを捉える	• 範読による。 • 適宜「着語」。「宮仕へいそがしく」「さらずは飲まじ」「昔の人の袖の香」「尼になりて」等を意識する。 • 歌の解釈を行う。
4. 人物関係を整理する	• 斉読する。 • 人物を表す言葉を探し、人数と関係を確認する。
5. 作品の内容確認	• ワークシートの「古文の基礎知識」確認。 • 作品の内容を確かめながら斉読。
6. 課題A・Bに基づく作品内容の探究	• ワークシート課題A・Bに記入。 • 課題A・Bについて、グループで話し合う。 • 話し合いの結果について、報告し合う。 • 課題A・Bに書き加える。
7. 学習のまとめ	

Ⅲ 【提案授業2】

（3）板書計画　〈略〉

（4）評価
- 「男」の行動の意図を捉えることができたか。
- 尼になるに至る女の心情を捉えることができたか。

［注記］

　できれば、女が尼になる前の「思ひ出でて」のところの心情を独白体で記させたいところである。あるいは、それを言語活動として位置づけて授業を構成することもできよう。

三 学習指導の実際

1 授業者の自評

　授業そのものは、前掲の「本時の展開」に添って進んだが、学習活動6の「話し合いの結果について、報告し合う」は時間的にきわめて不十分であった。

　学習活動2「辞書を引く」活動は、「いちばん気になる言葉一つ」にとどめさせた。それぞれがよくわからない言葉を引き、それを教室で共有する時間を取れば、全員にわからない言葉全てにあたらせる必要はないと考えたからである。いちばん確認が必要な言葉はどれか、と考えることも学力のうちである。

　学習活動3の「範読」には、「着語」を用いた。これは、芦田恵之助が「七変化の教式」の第三の「読む」で用いた方法で、範読途中で教師が言葉を挟むものである。この授業では、

- 「昔、男ありけり」の「男」は、具体的な人の名前があるけれども、覚えていますか。
- 「宮仕え忙しく」私と一緒であります。
- 「人の国へ往にけり」下の注、いいですか。
- 「宇佐の使ひ」下の注、確認してください。（宇佐八幡宮の説明）
- 「かはらけとらせよ」下の注、確認してください。
- 「さらずは飲まじ」さ／あらずは／飲ま／じ。
- 「橘」今で言えば小さいみかんくらいのイメージで。
- 「五月待つ…」適宜言葉を訳に近いところまで補った。
- 「思ひ出でて」下の注を見てください。異説はあるんだけどね。

といった言葉が挟まれた。

　このことは、逐語訳を排除する方法となっている。

　「文学の享受」の成立のために、**資料②（71ページ）**のワークシートにあるように、「一番かわいそうなのは誰だろう」「一番悪いのは誰だろう」という課題を提示した。三人の登場人物の置かれた境遇をいちばん端的に比較でき（内容の読み取りの成立）、しかも、読み手の価値観や判断を伴って考えざるを得ない課題（個別の読みの保障）になると考えられたからである。

2　ワークシートから

　以下に、生徒の書いたワークシートのまとめを提示する。

　こういった内容を、教室で発表し合い、共有し、その可否を話し合うことができれば、文学の享受としては十分なのではないか。それは、教師がひとつの解釈を提示したり、生徒の発言を無理やりひとつの方向に収束させようとしたりするよりはるかに「文学の享

【提案授業2】

受」の本質に近いであろう。

　このワークシートに基づく生徒の交流は、次の時間の谷口浩一教諭の授業に持ち越された。結果として2時間扱いとなった。

伊勢物語「宇佐の使ひ」ワークシート（資料②・71ページ）のまとめ

※1年生　クラス40名（男子16　女子24）、生徒の意見は原文のまま。

（1）一番かわいそうなのは誰だろう。理由とともに考えよう。
- まめ人…22名（55％）
- 男…9名（22％）
- 女…9名（22％）

〈その主な理由〉

①「まめ人」と答えた生徒の理由

- 女と一緒に暮らして、きっとその女のことを好いていたのに、女には昔の男との関係が微妙なままで終わってしまっていたために、ずっと一緒に暮らすことができなくなってしまったから。
- 元の夫婦の関係にどういう状況にあるのかわからないまま関わってしまい、女を失ってしまったから。
- いろいろ頑張っていたのに男と女のもめごとに巻き込まれて、結局自分と暮らすはずだった女は尼になってしまったから。
- 男が来てさえいなければ、家刀自を自分の妻としておくことができたから。
- 何も悪いことはしていないのに、最終的には、女に去られたから。

- 男に命令されるかたちで妻にかわらけをとらせた結果、とても気まずいことになった。その上、妻は自分のもとを去っていったから。
- 女が男の妻だったということを知らなかったかもしれないのに、男が来たせいで、女の本心（本音）が自分の方へ向いていないということもわかったし、尼になってもうあえないから。
- 事情も知らずに女とつき合うことになったのに昔の男を思い出されて結局別れることになってしまったから。
- まめ人は悪くはないのに、やって来た男にふりまわされ気味であり、女も離れていったから。

②「男」と答えた生徒の理由

- 妻が他の男のところへ行き、接待先で偶然にも出会ってしまうという、接待に行かなければわからなかった事実だったから。また、自分より、身分の低い男のところに元妻がとついでいて、深い屈辱を受けたと思う。
- 妻を他の男にとられてしまったから。自分の性格のせいで妻と別れてしまったから。
- 妻に逃げられただけでなく、出張先で妻が他の男と生活しているところに出会ってしまったから。
- 仕事面ではまじめだったのに、浮気されたから。また運悪く、その新しい夫に出くわしたから。
- 愛していた妻に逃げられ、また思わぬ形で再会したから
- まじめだったので浮気されたから。また運悪く、その新しい夫にでくわしたから。

③「女」と答えた生徒の理由

- 自分の行いに最後まで気づけなかった。自分の元夫のことを完璧

にわかってあげられなかった。

- はじめの男があまりにも誠実でなく、嫌気がさして辛い思いをすることになってしまったから。また、新しい夫のもとにその男が現れ複雑な気持ちになったと考えたから。

- 男にほったらかしにされた後に男の気持ちを告げられやりきれなくなったから。男が来なければ幸せに過ごせたのに。

- 元の夫のもとを去った後に呼び出されて気まずい場面に立たされることになったから。加えて、それが原因で過去の行為を思い出し、今までの生活ができなくなったから。自分が悪いのがわかっているから。

- 男は仕事が忙しくて、それで逃げた女も女だけれど、つけていた香は、男と暮らしていたときにつけていた香であったから、男をずっと待っていたのではないかと思ったから。

- 地方に下ってやっといい人を見つけたのに、男と再会してしまったから。

- 男の妻であり、はじめの夫は忠実でない人と結婚していたので、つらいのではないかと思ったから。

- 元夫と結婚生活をしていたときも相手にしてもらえず、嫌になり出ていったのに後になって会いにくるなんて元夫は都合が良すぎる。女を軽く見るな。

(2) 一番悪いと思われるのは誰だろう。理由とともに考えよう。
- 女…19名（47%）
- 男…18名（45%）
- いない…2名（5%）
- 無回答…1名（3%））

〈その主な理由〉

① 「女」と答えた生徒の理由

- 自分に合わないからという考えのみで急に昔の男の元を去り、新しい男の元へ行くものの、再び昔の男に出会えば心が動き、昔の男も今の新しい男も無視して尼になってしまったから。はたして尼の生活も女は続けられるか、気になりました。

- 平安時代で当たり前だからと言っても、人間だから感情はあるもの。男と十分に話し合って別れるべきだと思ったから。

- 仕事で忙しい男を置いて地方の役人の妻になった上、男が句を詠むまで、元夫だと気づかなかったところがアウト。思い出して、尼になるのも行動が謎であるし、結果的に男2人を悲しませることになったのではないか。

- 勝手に「ある男」と別れて祇承の官人と結婚しておいて、「ある男」と再会したら心がゆらぐ。自由すぎる気がする。（平安時代にその自由さがあるのはあっぱれだと思うけど）

- 自分を思ってくれるまめ人についたのに、最後は自分から尼になったから。

- 自分の都合で二人の男を不幸にしてしまったから。

- 自分のわがままで2人の男と離別し、尼になったから。

- 男は仕事ばかりしていて女に誠実でなかったかもしれないけど、男の内面まで信じれてなかったから。

- 自分に対して男が誠実でないことを理由に、話し合いなどせずに別の男のもとへついていったから。

② 「男」と答えた生徒の理由

- 女の気持ち（女心）がわかっていないから。

- 自分に悪い部分があり、妻が出て行ったのに後々になってもう一

度妻を取りかえそうだなんて考えがずるい。自分の過ちをわかっていない。

- 追いかけようとしなかったから。好きなら追うはず。
- わざわざ女あるじに盃を持って来させなければ良かったのではないか。
- 家刀自が出て行ったのは男が誠実でなかったせいだし、もとの妻に会っても知らないふりをしていれば、妻は幸せになれたのではないか。
- 家刀自のことをほっといて仕事をして本当は愛しているのにそれを言うことができないから。妻が他の国へ下ってしまうのもしょうがない。
- 自分のせいで逃げられたのに女がまめ人の妻になっていると聞いて「女に盃を持ってこさせなければ飲まない」といじわるな事を言って、女に辛い思いをさせたから。
- 男の行動で、女が過去の行動を振り返って負い目に感じさせているから。
- 仕事ばかりでなく、妻の相手をしていなかったためにこんなふうになったと思ったから。

③「いない（誰でもない）」と答えた生徒の理由

- 女のしたことは確かに悪いことだけど、夫も女のためにつくしていなかったからこんなことになったんだと思うし、まめ人も悪い気があってとか、前を知っていて妻にしたのではないと思うから。みんなそれぞれに欠けているところがあったと思う。
- 男は、女を大切にしなかった。まめ人が、女に男がいるのを知らなかったのもいけない。無知も罪。
女は、男に意見を言ってから出ていけばよかったのをそうしなか

文学として味わう「古文」（伊勢物語）—現代語訳・課題のあり方を中心に—

ったから。まめではなかったが男も心配したかも知れない。

四 まとめと考察

1 全体を通して

○なんといっても、結果として授業が楽しかった。これは授業者の
感想であるが、生徒たちも真剣に、かつ楽しく取り組んでくれた
ように思われる。それは、ワークシートに取り掛かるときの鉛筆
の速さで推測できる。

○時間がなくなるというところまでは覚悟はしていた。最悪、書か
せるところまでと思っていたが、少し時間を超過しても発表まで
進めたのはよかった。そこまで行かないと、生徒の満足感は保障
できなかったであろう。

2 課題について

○本教材は、人物設定が単純で、読みとしては多少交錯するけれど
も、「かわいそうなのは？」、「悪いのは？」と問いを設定したと
きには本当にいろいろ出てくる。意見が分かれるところがおもし
ろく、そこを読みの深化のてこにできる。文学の学習における発
問のあり方の典型的な形が提示できたと考えている。

○意見が分かれるというところについて、分かれたままで別にかま
わないのではないか。何かに収束させることに意味はないであろ
う。これは例えば「舞姫」を読んで「豊太郎はどうか」といったと

61

Ⅲ【提案授業2】

きに、男の子が「まあ仕方がないんじゃないか」といったり、女の子が「こんな男大っきらい」といったりする。それを別にどうするという話でもないわけで、一定の読みのラインを越えれば、もう自由に解釈していいというところになる。そこを授業の形として提示したつもりである。一歩、古文・漢文の学習を踏み込んだ状態にしたいということである。

③ 現代語訳について

○「できるだけ現代語訳に頼らない」ことと「音読の重要性を確認する」ということについて、通しての口語訳はしなかったが、大体内容はつかめていると思われる。それは、着語の使用も含めて、繰り返して読む等、範読の工夫が大きい。

○結果的には、音読の重要性を確認するというところは全くできなかった。子どもに読ませるということは一回もできていない。そこは大きな反省点である。

○今回の着語は、現代語訳の排斥には効果を発揮したが、着語の本来の姿である、作品のイメージを膨らませるという意味では、きわめて不十分であった。「かはらけとらせよ」「さらずは飲まじ」のあたりで、「どんな気持ちで言ったのかな」、また、「尼になりて、山に入り」で、「なぜ尼になったのだろう」といった着語が必要であったのではないか。

④ 音読について

○音読については全く不十分であった。事前に本文を配り、音読だ

けはさせていただいていたので、どこから授業に入るのかの見当がつきにくく、結果として音読がほとんどなくなった。時間との関係があるが、こういった流れの中に音読は必ず位置づける必要がある。

○今回の指導案に基づくならば、初めに生徒音読、続いて範読、その後辞書に移り、着語を入れた範読、斉読、最後のまとめで改めて生徒音読を入れることが考えられる。その程度の回数は読ませたい。

5 その他

○このような授業をしていると、古文を自力で読む力をどれだけ育てられるのかという疑問は生ずると思われる。それはたぶん語釈であるとか文法であるとかいうレベルの話だと思われるがそれが十分ではないという批判はあろう。ただ「この授業でこれだけは定着させる」というようなポイントを言語事項などでは絞っていき、あるときにそれをまとめていけばそれでよいのではないかと考えている。

五 質疑応答から

以下、公開授業当日の参観者との質疑応答の記録を示す。授業の客観的な評価について、資するところがあると考えるからである。ただし、協議自体は提案に基づいて深められたとはいい難い状況であった。

【提案授業2】

1 教材化の切り口・範読の方法論について

　今回の授業では、誰がかわいそうで、誰が悪いかという切り口を提示することで、子どもが作品世界に入っていく一番わかりやすい入り口を設定したということです。普通に読書したときに、「女はなぜ尼になったのか」とか、「元の夫は本当にこの女のことを思っていたのか」ということとかに意識的じゃないレベルで読んでいるわけですから、特に高校一年生のこの時期であれば。いちばんわかりやすい入り口から入って、そこからもっと時間があって議論になれば、「女がなぜ尼になったのか」とかですね、それから、私は「心もまめならざりける」の「も」はちょっと強調して範読したのですが、宮仕えが忙しいというだけではなく、それにともなって「心も」まめならざりける、というですね、そのあたりを女がどういうふうに受けとめたのかというふうなあたりに、絶対踏みこんでいけるんです、もう30分あったら。

　ですから、私はこの「悪い」とか「かわいそう」とかいうような切り口で、この発達段階の子どもたちに『伊勢物語』を読ませることは、全く悪いことだとは思っていません。むしろ、「なぜ、女は尼になったのか」とか、あるいは読みの発展性のようなことを、授業のはじめから言い出したときに、子どもの意識から離れて、教師が主導する「訓詁注釈的な解釈を押しつける授業」になるんだと思っています。ですから、そこを脱却したかったというのが、今回の授業における私の提案ですから、その是非については、それぞれの先生方にお考えいただければいいかと思っています。

　それから、（登場人物の人数が）女一人、男二人というのはなかなか出ないということですが、どうですかね、私はそうは思わない

んですけれども。今日のような指導過程をとれば、男二人、女一人ぐらいは（生徒から）出てくると。それはもちろん、全ての子が一発でわかるかどうかは別として、もう一手間かければ、絶対出るぐらいのレベルには、脚注もつけたし、（傍注として）主語もいれたし、範読も……。指導案に書いてあります「着語」という言葉は、これは芦田恵之助先生が範読するときに、「あ、これはすごいね、皆ならどう思うかな」とか、「ここでは何が見えるかな」みたいなことを言いながら範読するという手法が、小学の１年ぐらいではありまして、それを受けとめて、今回の授業ではご提案したことでございます。これは教師主導だという批判はあるのですが、古文では有効性をもっていると考えております。そういう、教師の読み聞かせ方もあって、それが一定の効果をもっているんだということを今回の授業で実践してみたかったということです。

2 主発問設定の視点について

　この教材を読んだときに、まず、私が「このまめ人（まめに思はむといふ人）はかわいそうだなぁ」と思ったんですね。ですから、一読者として、授業者の素直な読後感を発問につなげていくという手法は、一方法としてはあり得ると思います。結論的には、誰も幸せになっていないんですよね。みんなが不幸せになったそもそもの原因を作った、一番悪いやつは誰なんだと。そうすると、まめに通わなかった男、あるいは、そんな場で、はしたなく「さらずは飲まじ」とかなんとか、権力をふりかざして言ったやつが悪いのか、ちょっと不誠実だからといって他の男についていった女が悪いのか、とかいうようなことはいろいろ出るだろうと。

ですから、いろいろな見方が……、つまり、こう聞いたらこれしかないよ、というのではなくて、こう聞いたらいろいろ出るよという、まさにそういう性質をもった発問だったんですね。そこでいろいろ話し合ったり、意見が出てくるのがおもしろいなと考えたわけです。それが今回は、たまたま、「かわいそう」とか「悪い」という言葉にたどり着いたわけであって、作品によっては、発問の具体的な言葉や内容というのはいろいろ変わってくるだろうと思います。ただ、「いちばん〜なのはどう？」という発問の仕方は、子どもにはとってもわかりやすいんですよ。そういうシンプルな発想でこの課題を設定しました。

本当は、指導案の下に書いておりますように、女が尼になる前の「思ひ出でて」のところの心境を書かせるのがおもしろいとも思ったのですが、あえて、今回はそれを避けました。

③ 和歌の取り扱いについて

今回の授業内容において、和歌の中に読み込まれている「袖の香」という言葉が、古典の世界において非常に重要な意味をもってくるんですね。それと、「袖の香」という言葉に、昔の思い入れがまさに象徴されているんだというようなことに、その後、読み込んでいくうちに行きあたる子どもがいるかもしれないという可能性という意味では、訓詁注釈的にならない程度でピックアップしておきたかったということです。それが今日の授業の中では結果として出ないかもしれない。しかし、いずれ、読みが深まったときにポイントになるかもしれないという意味での種蒔きとして。

文学として味わう「古文」(伊勢物語) —現代語訳・課題のあり方を中心に—

4 範読（着語）の抑揚による、読みの誘導性の問題について

　範読時に「さらずは飲まじ」の「じ」の部分を強調した意図については、「さらずは飲まじ」という非常に高圧的な、有無をいわさず、というところを「じ」に注目させることで明らかにできると考えたわけです。ですから、この「じ」をピックアップする候補として（指導案の中に）挙げていたのは、そういう意図です。「じ」の扱い方はどうあれ、「物語の結末がこういったものになる原因は女にある」という意見が、子どもたちからは一定以上の数は出てくるだろうという予想は事前にしていたのですが、ただ、ご指摘いただいたように「じ」を範読の中で強調することは、「範読」、あるいは「着語」がはらんでいる問題性、つまり、先ほども述べましたような「教師主導の読み」につながる問題性として考えていかなければならないと思っています。

5 家刀自などの語から読み取れる状況や背景、古典知識を授業者から伝えるからこそ得られる、読みの深まりについて

※参観者から、「家刀自」（家の主婦）・「女あるじ」という語には、「まめならざりける男」が女に対して強い信頼のようなものを寄せていた可能性も読み取れるが、そのことを授業者が生徒に伝えることで、読みがより深まるのではないかという意見が出された。

　「家刀自」についてはですね、いくつかの文献を調べた限りにおいては、「まめならざりける男」と「女」の同居の可能性がないこと

はないけれども、この文脈の中ではやはり、家の切り盛りをする女あるじという意味で、「妻問婚」の範囲だと、私は解釈しました。同居をしていると考えたときに、「まめに思はむといふ人につきて」は、これはやっぱりつらいだろうと。つらすぎるだろうと。ですから、「家刀自」という語の解釈はそういうことです。

　ご指摘いただいたように、いろいろなところをさらに深く読もうと思えば、どのようにも読めますが、（授業者の方が）どこで我慢するかという話ですから、それは。で、我慢しきれなくなったときに、講釈を垂れて終わるという訓詁注釈型の授業に近づくわけです。ですから、今日の位置づけの授業（「宇佐の使ひ」を取り扱った単元の１時間目にあたる授業）では、ここで我慢したということです。子どもそれぞれの読みを先行させた後に、古典知識や時代背景、古典的な状況というのは、伝えていくべきではないかと考えています。先に、そういった古典知識や時代背景を伝えることで、古典文学を読む、古典のおもしろさに浸るという子どもの主体性が消されてしまうだろうと。あくまで、単元の導入段階では、今日の我慢が必要であり、その後の２時間目以降、読みを深めていく段階になってはじめて、教師のひと言が必要になってくると思っています。

6 着語の実際について

　「着語」と書いて、仏教用語らしいのですが、芦田恵之助先生の、「よむ／とく／よむ／かく／よむ／とく／よむ」という読みの七変化の教式の中で、愛媛県出身の古田拡先生が、「この七つの過程の中で最後まで残すとしたら何になるか」と聞いたところ、芦田先生は、三番目の「よむ」、これだけは絶対に外せないと言われた、そ

の三番目の「よむ」が「着語を含めた範読」なんですよね。

　古文について、それを使うということであれば、口語訳をいちいちしていたら、文法的なことも含めて、だんだんだんだんと子どもたちはうんざりしてきますよね。だけど、古文を古文として読みながら、そこにちょっと言葉を添えることによって、だいたいの意味としてはすっとわかるようになっていくという指導、そういった感覚や姿勢を育てる指導は、とても大事な姿勢だと思うんですよ、私は。

　だから、辞書を引き引き、逐語訳をやらないと古文を味わえないというんじゃなくて、その「着語」の中には、「あ、おりおりの主語を確認すればいいんだな」とか、「やっぱりポイントになる言葉は辞書を引かないとしょうがないな」とか、あるいは、「この場面ってどんな情景なんだろう」とかですね。子どもが思考し続けながら範読の中に入り込んでくるという、つまり、口語訳から脱却する一つの方法として、「着語」によって、古文の言葉のまんまで、しかし、そこに少しずつ手当てをしてやって全体の意味としてはわかるという、そして、それがわかったら何度も何度も音読すれば、「古文を古文として読む」という力、感覚が定着していくのではないかと。古文の授業における「着語」の意味・有効性というのはそのように考えております。

[補記]
　本実践に当たっては、愛媛大学附属高等学校国語科の谷口浩一、山下憲人、八塚秀美各氏に、会の準備はもちろん、事前の指導や事後の記録等、格別のお世話になった。とりわけ谷口氏には、本授業のあとをきちんと整理していただいた。改めて御礼申し上げる。

Ⅲ【提案授業2】

資料① 学習材「宇佐の使ひ」

（プリントは上下段で脚注とした。適宜、本文に傍注をつけた。）

伊勢物語「宇佐の使ひ」

昔、男ありけり。宮仕へにいそがしく、心もまめなら
ざりけるほどの家刀自、まめに思はむといふ人につき
て、人の国へ往にけり。この男、宇佐の使ひにていき
けるに、ある国の祇承の官人の妻にてなむあると聞
きて、「女あるじにかはらけとらせよ。さらずは飲ま
じ」と言ひければ、かはらけ取りて出だしたりけるに、
肴なりける橘を取りて

　五月待つ花橘の香をかげば昔の人の袖の香ぞする

と言ひけるにぞ思ひ出でて、尼になりて山に入りてぞ
ありける。

（第六〇段）

○登場人物は男、女それぞれ何人だろう。

［伊勢物語］
歌物語。作者不詳。
十世紀中ごろ成立。

一 家の主婦。
二 地方へ下って行った。
三 今の大分県にある宇佐八
　幡宮への勅使（天皇の使
　い）。
四 途中の国。
五 勅使を接待する係の地方
　の役人。
六 盃を持って来させなさい。
七 酒を飲むときの料理。
八 こうじみかん。実を酒の
　肴にした。
九 過去の行為を思い出して。

資料② ワークシート

伊勢物語「宇佐の使ひ」

組　番　氏名［　　　　　］

［古文の基礎知識］

○妻問婚……夫婦が同居せず、夫が妻のもとに通う結婚形態は、平安時代には普通であった。

○勅使……「男」の用務である「宇佐の使ひ」は、勅使である。勅使は、天皇の命により遣わされるものであり、格はきわめて高い。

［考えよう・話しあおう］

A　一番かわいそうなのは誰だろう。理由とともに考えよう。

誰

理由

B　一番悪いと思われるのは誰だろう。理由とともに考えよう。

誰

理由

71

IV

【提案授業3】

味読・批評を見通した評論の学習指導
―松沢哲郎「想像する力」の実践を通して―

▶ 配信動画

ウェブサイトで授業の動画を公開しています。下記のアドレスもしくはQRコードからウェブサイトにアクセスして、動画をご覧ください。アクセスの際にはIDとパスワードの入力が必要となります。下記のIDとパスワードをご入力ください。

ID：sanseido-kokugo
パスワード：90VXnQSW07
url：https://tb.sanseido-publ.co.jp/kokugo_practicalsuggestion03/

（配信予定期間　2017年11月1日〜2020年10月31日）

一 三読法について——「通読」の課題——

私は以前に、次のように記したことがある（拙著『国語教室の実践知』三省堂　2006）。

三読法

十七年、中学校・高校の教壇に立って、たどり着いた授業展開の方法の一つは、やはり三読法であった。

三読法は、石山脩平が提唱した通読・精読・味読の三段階の読み方のことである。もともと『教育的解釈学』（賢文館　1935）に示されたのは、通読・精読・味読・批評という四段階だったが、「批評」は解釈ではないということになり、三段階の三読法に落ち着いている。

そのまま説明するとずいぶん難しいが、誤解を恐れず簡単に言い直せば、

通して読む———だいたいの文意を捉え、主題を仮定する。

精しく読む———叙述の精査を通して主題を検証する。

味わって読む——文章を鑑賞し、楽しみ読む。

ということである。

一般によく行われている授業展開として、通して読んだうえで、意味段落や場面ごとに精しく読んでいく方法が用いられるが、基本的には三読法を踏襲したものであろう。

私自身も、この形で教えてもらい、この形で教えていたと言える。

〈中略〉

私自身は、初め、通読段階を「通して読む」という以上に理解していなかった。極端に言えば、一通り読み終えることが通読だと考えていた。子どもたちはそれなりに通して読んだ段階で感想をもったりはするから、読んだだけというのはあたらないかもしれないが、少なくとも感想を数人に求める以上のことは意識していなかった。

　三読法では、通して読んだところでの感想の発表などを通して、内容の概観や主題の仮定といった重い意味をもたせている。読んだだけというのでは決してない。いわば、精しく読む構えを作っているとも言える。そのことに気づいたのは、恥ずかしながらずっと後である。（68〜70 ページ）

　上記の「三読法」は文学的文章を念頭に記したものであるが、当然、また現実的にも、説明的文章においても「三読法」は有効である。ただ、説明的文章においては、「味読」という言葉がふさわしいのか、今日的には「批評」という言葉を別の形で復活させてもよいのではないか、などの検討が必要であろう。

　周知のように、PISA 型読解力においては、その学力観をよしとするか否かはともかく、「情報の取出し」「解釈」「熟考・評価」という過程が設定されている。この「熟考・評価」を説明的文章の読解過程の、三読法で言う「味読」に近いものとして捉えることは可能かもしれない。このあたりは、言うまでもなく、研究的な精査が必要なところであるが、ここでは実践レベルの問題として大まかに捉えさせていただいておく。

　ただ、今回の授業の提案事項は、「通読」である。

　現実問題として説明的文章指導の「味読」（熟考・評価）は、「内

容に対する意見・感想（あえて言葉として付け加えれば「自己省察」）」と「説明を貫く論理の吟味」ということになるであろう。現状でそれが行われているかどうかはともかく、その方法はある程度一般的に想定できる。しかし、「通読」はどのように意識されているのであろうか。

　私自身の古い経験で言えば、「通読」は先に引用したように「通して読む」「一通り読み終える」以上のものではなかった。「通読」の機能がそれにとどまるのではないことは言うまでもない。

　では、説明的文章、評論指導における「通読」段階は、何をどのようにすればよいのであろうか。また、本来的な三読法を超えて、今日的に「主体的な読み」「批評的な読み」「自己省察につながる読み」といった読みを標榜するとすれば、それにつながる指導過程としての「通読」はどのようにあるべきであろうか。それは授業の大きな展開の中では、導入の問題として取り上げることも可能かもしれない。

　今回の「想像する力」の授業はそのような問題意識を基盤においた提案である。

[参考] 三読法

　三読法は、一般的には次のような段階（読みの層）で捉えられる。しかし、正解主義に陥るなどの批判もある。

1　通読段階　①素読　②注解　③文意の概観
2　精読段階　①主題の探求・決定　②事象の精査・統一
　　　　　　　③情調の味得または基礎づけ　④解釈的構想作用
　　　　　　　⑤形式による自証
3　味読段階　①朗読　②暗誦　③感想発表

二 学習材観
―学習材特性と評論指導の改善―

　学習材「想像する力」（松沢哲郎　三省堂『明解現代文B』）は、教科書では「評論」と分類されているが、やや随筆的な雰囲気を漂わせる文章である。しかし、最終的には「人間とは何か」を探る地点まで到達し、その過程において、筆者の研究の深さ・専門性を基盤にして論を展開しているところなどは、評論として位置づけて差し支えないものと言えよう。また、チンパンジーを研究対象としてみていくこと自体のおもしろさを感じる生徒も一定いるものと思われる。

　そういった点を基盤として、評論の学習指導の改善を図るという視点から、学習材「想像する力」を見てみると、次のような学習材特性（教材性）と指導の改善視点が見えてくるのではないか。

1　平易な記述

　全体に記述は平易である。現代文の授業において、本文そのものが難しく、「何が書いてあるか」を理解するのに汲々とし、教師も「何が書いてあるか」を説明することによって授業が進んでいるようなところがある。

　国語の読解は本来、「何が書いてあるか」を明らかにするために読解の方法（着眼点あるいは技能）を用いることで読解力を身につける側面と、「どう書いてあるか」を分析することによって、表現の特徴・方法、ひいては表現力につなごうとする側面をもっている。

　この「何が書いてあるか」と「どう書いてあるか」という視点は、授業構想上きわめて重要である。

しかし、教師が説明する「何が書いてあるか」は、読解技能の定着も、表現技能への転移を図ることも期待できない。

教授学の原則に「届きそうで届かない」ということがあるが、高校の評論文の指導においても、「届きそうだ」という前提から、「さらに深く読める、分析できる」という地点へ向かうことが求められているのではないか。そういう意味では、現今の評論教材は一般論として言えば、生徒にとって難しすぎる。

本学習材「想像する力」は、そういった意味で「少し易しい」点に学習材の価値があると考えられる。

2 双括型の構成

文章構成を説明するとき、頭括型・尾括型・双括型という分類が行われるが、実際に頭括型・双括型の文章はどのくらいあるのだろう。どのくらい学習材になっているのだろう。

本学習材は、そういう意味では、珍しい「双括型」である。その構成をどのように捉えさせるかが、教材の特徴を活かすこととなる。

3 小見出し

生活技術として説明的文章を読むことを考えると、例えば新書の類には小見出しが用いられている場合が多く、小見出しをうまく利用しながら読む意識・態度は必要である。

高校現場では、小見出しがあると段落分けが必要なくなる、わかりやすくなってしまう、といった理由で小見出しのある学習材を敬遠する向きがあるが、それは1項「平易な記述」で述べた「何が書

いてあるかを理解することで終わる」という好ましくない現状の追認に過ぎない。

　小見出しのある説明的文章を学習材とする意味・必要性は十分説明できるはずである。

　ちなみに、本学習材の場合、「いちばん検討の余地のある小見出しはどれか」という課題が成立すると思われ、それはそれでおもしろい学習活動になると予想される。

4　具体例

　本学習材では、筆者の専門性を背景とした興味深い具体例が用いられている。具体例の精査、具体例の必要性、具体例の比較など、多様な学習場面が想定される。最終的には、説明的文章の学習技能として重要な「具体と抽象の往還（具体があれば何を抽象しようとしているのか、抽象的な言い方があれば具体的には例えばどういうことかと考える）」が求められる点で、学習材としての適性をもつ。

　また、大きく二つに分かれる具体例が、「そう考えれば、もう一つ思いあたることがあった」という記述で結ばれており、これはこれで随筆的なにおいの強いところではあるが、こういう記述で具体例同士の関係性を示していることに気づかせたりすることができる点で、指導者としては取り上げたくなる部分を有している。

5　図の必要性

　生活技術という視点から考えれば、説明的文章には図表はつきものであり、PISA調査の結果を待つまでもなく、図表を参照しなが

ら読む習慣・意識は必要である。この点、現今の教科書は、挿絵的なものはあるにせよ、図表が説明しているという部分は決して多くはない。本学習材の場合、図表がなくては成り立たない一面を有している。

　ちなみに本学習材の写真については「必要性の高い順序を示せ」あるいは「いちばんなくても差し支えない写真はどれか」という課題が成立する。これは、これまであまりなされてこなかった課題であるとともに、今日的には必要な課題意識ではないかと思われる。

三　学習指導について

1　実践の概要

(1) 期日　　平成28年2月2日

(2) 対象　　愛媛大学附属高等学校二年

(3) 学習材　松沢哲郎「想像する力」

(4) 目標

- 人間とは何かについて、想像力を視点に考えを深める。
- 双括型の文章構成を捉え、具体例の内容・用法を精査して、筆者の主意を捉える。

(5) 指導計画

　前　時　本文を通して読む。

　第1時　〈本時〉本文を読んで、気づいたこと、疑問に思ったことなどを交流し、「考えてみたいこと」をまとめる。

　第2時　［第1時の展開次第では、課題解決型の授業に進む可能性

あり]

第1段落を簡潔に要約したうえで、第3段落冒頭「そう考えれば、もう一つ思いあたることがあった」に着目し、第2段落の内容を精査する。

第3時　第3段落の内容を精査し、第2段落の具体例との関係性を捉える。

第4時　第4段落の内容を精査し、全体の構成（双括型、具体例1・2・3）を明らかにする。

第5時　文章のタイトルの変更の可能性を探るとともに、人間にとっての「想像力」について考えを交流する。第1時の「考えてみたいこと」について現時点での考えを記述する。

2 本時の指導

(1) 本時の目標

　本文を通して読み、気づき・疑問などを交流して、読解の見通しをもつ。

(2) 本時の展開

- 101ページの資料①を参照。

(3) 板書

- 102ページの資料②を参照。

(4) ワークシート

- 103ページの資料③を参照。

【提案授業3】

四 提案授業にもとづいた研究協議記録

● はじめに

　今日はありがとうございました。子どもとのやりとりで丁々発止ということじゃなかったので……。ほとんど無緊張でいたのがかえってよかったのか、どうなのかはわかりませんが、まあ、ほんとうにありがとうございました。あとで忌憚のないご意見をいただければというふうには思っております。ただ、ちょっと授業の意図等の説明をさせていただきます。

1 三読法について

　資料にありますように、評論の指導に「三読法」をとりいれるということについて。

　そもそも、方法論としての「三読法」の是非とか、新しいのか新しくないのかというところについての議論は、（今日は）しないということにしていただければというふうには思いますが、現実的には、多くの中学校・高校の授業、（まあ、小学校もふくめて）「三読法」的なやりかたになっているんだろうと思います。しかし、現実には、例えば評論で「味読」段階をどういう形でやるのか。「通読（通してよむ）」・「精読（精しくよむ）」・「味読（味わってよむ）」と考えるとき、現実的にはそれほどの手があるわけではない。文学などでいえば、感想を発表させたりとか、最後に朗読をしたりだとか、いろいろあるかもしれませんが、評論のばあいは、最終的に要約した

り、あるいは要旨をまとめたりと、その段階で終わっているというような実態はないだろうかという気がします。

　ですから、「三読法」のなかでいえば、通読段階の域を出ないところだけで授業を終わっているときもないことはないという気がするんですね。方法論としての「三読法」は、厳密にいえば、提唱された当初は、「通読」・「精読」・「味読」、最後に「批評」というのがついていたのですが、「批評」というのが消えて、「通読」・「精読」・「味読」という「三読法」になったのです。ただ、PISA型の読解力などがいわれるようになってから、あるいはもっと以前から指摘はありましたが、やはり、「批評」というか、「読み手自身がどう受けとめるのか」というところですね。そこのところが保障されないと、ほんとうに読んだことにはならないだろうというふうに思うのです。そういう点もふくめ、読みを主体化するということもふくめ、通読の段階で、「どんな疑問があるのか」「どんなことに気をつけて読みたいのか」「自分とどういうふうに関わりをもちながら、どう読みすすめたらいいのか」というようなところを耕しておきたい。それが「通読」段階の仕事であろうと。そういう意味で、今日の授業を提案させていただきました。

② ワークシートの活用

　今日の授業（通読の段階）では、「ワークシート」（資料③・103ページ）のＣ（「この文章を読んで、これから考えてみたいこと」）の右側の欄まで書く。そして、「想像する力」を学習材とした学びが全体として一通り終わった最後のところで、「学習全体を終えて考えていることは？」みたいなことを考えさせたい（書かせたい）と

Ⅳ【提案授業3】

いう意図です。単元を終えた最後に書くところを「味読」といって
いいのか、「批評」といっていいのか、少なくとも、自分自身とこ
の文章内容との関わりみたいなものを確認する作業になるというも
くろみであります。

③ 「平易な記述」

今日の授業のご提案は、今、お話ししたことにつきるわけですが、
ただ、それにあわせてですね、「学習材観―学習材特性と評論指導
の改善―」（77 ページ）というようなところが、どのようにでてく
るかというところが問題でした。

「平易な記述」のところは、多少、攻撃的なもの言いがしてある
のですが、現在の高等学校の教科書は、（ここの学校ではＴ社のも
のを使ってますけれども、）難しすぎはしないかというのが私の考
えです。教師が一回読んでわからないような文章を、授業にもって
きているというのが実態としてないのかという気がします。少なく
ても、私が若いころには、教科書を読んで、何が書いてあるのかさ
えよくわからず、何回も何回も自分が読まないといけないというよ
うなところもありました。結果的に、そういう実態というものは、
ここに何が書いてあるんだよということを「くだいて」、「解説して」、
「伝えて」、「何が書いてあるかというところで授業がおわる」とい
う可能性をはらんでいると思うんです。

ある程度の中身がわかったけれども、さらに「書きぶり」である
とか、「背後にある意図」であるとか、そういうふうなものを探っ
ていこうと。8割がたはわかったけれども、最後の2割のところは
やっぱり教室で読んでいって、もっと深いところがわかったねとい

うような授業。そのときに、「どう書いてあるのか」というようなことに着目させることができたら、それが国語の授業であると思うんです。

　評論（の授業）で、何が書いてあるかだけをやったんだったら、書いてある中身は、社会評論であったり、文化評論だったりするわけですから、（例えば）「水の東西」で、水がどう流れようが落ちようがですね、内容的には「国語」とは関係ないのです。「国語」で知ったことかというのが、私の基本的な考え方であります。ですから、「どう書いてあるのか」ということ。それから、それを読んで、「自分がどういうふうなことを考えたのか」ということ。それらが、つまり、「読書の意味」というようなことになると思います。

　これ（提案授業における板書として、「何が書いてあるか　どう書いてあるか　自分はどう受けとめるか」と記したこと）は、指導案にも書いてないし、言うつもりはなかったんですが、でもやはり、これを提示しておかないと授業を見てもわかってもらえないかと思って、子どもにしゃべってるふりをして書いてしまいましたが、よけいな時間だったかもしれません。（提案授業ではない）日常の授業だったらこれは書かないし、こういうことは日頃の授業の積み重ねのなかで伝えていくことだろうというふうには思っていますが、（今日は）提案授業という制約のなかで、それをふまえました。難しい文章を与えて、何が書いてあるのかだけがわかるという授業からは脱却しないといけないというのが（提案内容としての）ひとつです。

Ⅳ【提案授業3】

4 双括型・小見出し・具体例

　それから、（当日配布の資料のなかの）二番目以降の、「双括型の構成」については、授業のなかでうまく触れられました。

　「小見出し」については、尻馬にのって（授業のなかで）ちょっと触れました。

　「具体例」をどういうふうに考えるのかということについては、「具体」と「抽象」を行き来して読むというのが、説明的文章・評論の読みの、一つのテクニックというか、基本的なテクニックの一つであろうと思います。具体的な例がでているときは、ここから何を抽象しようとしているのかを考える。抽象的なもの言いがあった場合には、それが例えばどういうことなのかを考える。「具体」と「抽象」を行き来する。この作品では、（前半の）「絵」の例と（後半の）「床ずれ」の例とが、筆者の主張にどう絡んでくるのかというようなところをやっていく必要があるのかなと思っています。

5 図表について

　それから、「図の必要性」ということについて。どんな図や表（などの資料）を文章に持ち込むのかというのは、これからの子どもたちの生活能力として、非常に重要になってくるのだろうと思います。例えば、何かを説明したりするのに、パソコンなんかを使うにしても、どういう図表をここにおいて、どういう言葉を添えるのかという意識や能力が非常に必要になってきますよね。それと同時に、それにどういう意味があるのか。私はこの授業のなかで、ぜひですね、いくつもたくさん写真があるけど、いらない順に並べてみろという

のをぜひやってみたい。そうすると、はじめの「アイ（本文の中に登場するチンパンジーの名前）」の描いた絵を見る「ココ（同じく本文の中に登場するチンパンジーの名前）」なんかは、まずいらないものの筆頭ですよね。それから、最後の「寝たきりで介護されるレオ（同じく教材文の中に登場するチンパンジーの名前）」と「上肢でぶら下がって立てるようになったレオ」はあってもいいけど、なければなくてもいいと。

　絶対にいるのは、「チンパンジーの描く絵」と「人間の描く絵（3歳2か月）」じゃないですか。そういうふうに、置かれている図版なども、それぞれに工夫があって、必要度があって、その必要度に応じて、つけ加えたり削ったりという作業（や判断力のようなもの）が、自分たちがプレゼンテーションなどをするというようなときには求められるんだというようなことは教えていきたい。ただ、そういうことが今まであまり行われていなかったのではないかという気がするのです。国語の授業としての、「表現」あるいは「プレゼン」の能力とかという意味で、そういうところにつなげるというようなことはぜひやってみたいなと思いました。

　そういうような、いろいろなことができる学習材だなというふうに、この学習材を思いました。

　授業については、よけいな、隣のお猿さんの絵（授業者のお孫さんが描いた絵）とかですね、ちょっと遊び心をもちたいと思ったんです。そのために、ちょっと時間を費やしてしまって。それから子どもたちが書くのと話しあうのが、ちょっと5分ずつくらい、想定（していた）より長くかかってしまったものですから。ほんとうはBの「気になった表現」もどういった理由で気になるのかも言わせて、

Ⅳ【提案授業3】

その上で「やっぱり気になる」というのをBのところに改めて書かせたかったんです。それで、今日の段階ではCのはじめのところ（「この文章を読んで、これから考えてみたいこと」）を書いて、授業が終わりというつもりだったんですが。時間配分は、申し訳ないですが、許してもらうしかないなと思っています。

　一応、授業の説明としてはこのくらいでいいですかね。

五　質疑応答から

1　「想像する力」の学習材化の意図について

　（私は、）高校の教科書を作っている立場なので、こういう言い方をするのはちょっと反則なんですが、（高校における評論学習材として）おもしろいものがない。それから、こういう形で授業をするときに、ある程度の長さという点で制約がありますので。

　加えて、できるだけ易しい文章で、ある程度の整いがあるもの。易しい文章でこういう提案をしたかったということです。ここで、「『である』ことと『する』こと」（丸山真男）などをもってきたら、それこそ「解説」しかなくなっちゃうので。まあ、読んだら一通りはわかるだろうと。そこで突っついたら、これ（提案授業内における生徒の発言・考え）ぐらいは出てくるんですよね。けっこうすごいと思いましたよ、私は。

2 通読後に出された生徒の反応に対する 受けとめ（処理）について

3 通読後の反応として、どのようなものを 想定していたかについて

　まず、「通読後に出された生徒の反応に対する受けとめ（処理）について」ですが、「チンパンジーはなぜ想像する力がないのか」というようなことについては、私が調べて答えるようなことではないですよね。放っておきます。自分で調べてと。それでいいと思うんです。それを授業で追究するのは「国語」ではないですよね。だけど、文章を読んで、そんな疑問をもちはじめるということは大事なことだろうと。ただ、教師がそれに答えを出す必要はないというふうに思っています。（ですから、）こういうのは放っておきます。

　それから、「どんな反応を予想したのか」ということですが、ほとんど予想してないですね。（ただ、）出てきてほしいものはあったんです。それは、「学習材特性」（77ページ）に書いているのは、「双括型である」とか、「小見出し」であるとかですね、そういうふうなものについて、何か考えが出てきてほしかったんです。出ないだろうなと思いながら、出てきてほしかったのは、「チンパンジーはその瞬間の記憶とかは、ものすごく優れている」というような表現が何か所か繰り返されているんですが、そこの証明はなされていないんですね、この文章では。

　本当は、松沢さんはものすごいデータを持ってらっしゃって、チンパンジーに九つくらいの数字をパーッと瞬間的に見せて、それを記憶しているかどうかみたいな調査があって。それで、松沢さんの

【提案授業3】

お話のなかで、私もその実験内容を見せられたんですが、「とても
わからない、そんなレベルでは絶対に判別できない」というような
能力を、チンパンジーは現実に持っているんです。その瞬間を写真
にとって記憶したかのような記憶力を、チンパンジーは持っていて。
そういったあたりのことが、この文章では捨象されていて。

　ですから、言っていることの根拠がきちんと提示されている部分
といない部分とがあるんだ、というようなところへもっていきたか
ったんですが。今回の授業のなかでの、生徒の発言で…「しかし、
人間のように、百年先のことを考えたり、百年昔のことに思いをは
せたり、地球の裏側に住んでいる人に心をよせるというようなこと
は決してしない」という筆者の指摘を捉えて、「なぜ、そのような
ことが言えるのか」といった生徒の気づき・発言は拾っていきたい
ですよね。説明は避けるけれども、まだ科学的には疑問をさしはさ
む余地はあるかもしれない、みたいなところはやっていきたいとは
思います。そのあたりが（今回の授業で）出たら、私としては完璧
にしめしめだったんですが。

④ あらかじめ想定されていた学びの全体像（指導計画）に変容があったかということについて

　このあと、あらかじめ想定していた指導計画にそって、指導計画
のとおりに進展していかないのは、言うまでもないことですよね。
ですから、一つのやり方として、例えば、今日の授業内で出てきた
生徒の考えや気づきなども含めて、教師がいくつか課題を出して、
子どもに取り組ませていくというのがあるだろうとは思います。そ
れが、例えば、「具体例が二つあるけど、二つの関係を説明しよう」

とか、「いちばんいいかげんな小見出しはどれだろう」とか、あるいは「よけいな挿絵はどれだろう」とかですね、そういった課題を設定すると、「どう書いてあるか」のところに触れられるのではないかと。

「何が書いてあるか」については、子どもはだいたいわかってしまったのではないかという気がするんですね。ですから、「どう書いてあるか」のほうへ、今のような課題で深めていくというようなことはあろうかと思います。ただ、その前段階に、文章の全体構成としての「双括型」というような形で、もう一度おさらいして、その上で、Ⅱ段落・Ⅲ段落の「小見出し」の関係はどうなんだというような形で、具体例を精査していくという展開がありえようかと思います。

ですが、それらを２時間目、３時間目、４時間目あたりで、どう組み立てていくかについては、ここですぐにはお答えしにくいところではあります。ただ、学習過程の最後に、（今日の授業内でも、生徒から出た）「チンパンジーは希望を知らないのか」とか、「想像力がないと幸福なのか、不幸なのか」というふうなことに絡めて、「人間にとって想像力とはどのようなものなのだろう」、あるいは「想像力がなかったら、自分自身の生活や生き方がどういうふうに変わっていくのだろう」といったことは、最後にちょっとはしたい。

5 味読段階における授業の具体像（方向性）について

この教材をどう扱うかというところの、最後（の段階）の問題について、いろいろなおさめ方があろうかと思います。もうちょっと、教師の投げかけで進めていくのであれば、はじめに私が説明したよ

うに、「人間の想像力というのは、実際に私たちが生きていく上で、どんなところに必要なのか、あるいは働いているのか」とか、「人間とは何か」という問いに対して、筆者は「想像力だ」と言っているわけだから、その「想像力とは何か」を考えるところが、「人間とは何か」というところにつながっていくのだろうと。筆者の、当初の問題意識に添うことになるのだろうと思います。そういったあたりで（学習を）おさめていきたいなと思います。

6 植山俊宏氏（京都教育大学）の発言から

今日は楽しい提案授業をありがとうございました。その楽しさのなかに「あっ、こういう方法があるのか」などと、私は自分でキーワードを探していたのですが……、「論証」というキーワードが立つかなと考えています。

その「論証」なんですが、何を「論証」するかのもとが、一つは「読んで、自分なりの問題を考える」ということ。例えば、授業のなかで生徒から出てきて、板書にまとめられたもののほとんどがそうだと思うんですね。

それから、「気になる表現について」。これは、じつは板書としてまとめられたものの中にも出ているんですが、例えば、「（チンパンジーの）数え方」が「気になる」ということは、その「気になる表現」を入り口として、著者の論証を生徒自身が体験していくことになる。「気になる表現（腑に落ちていない表現）」から著者の論理に入っていって、著者の論証についていける。

そういった二本立てを（通読段階で）考えておられたということを「提案」として受けとめました。

そうしますと、松沢さんが作品のなかで提示している「論証」というのは、読みこんでいくことによって、読み解いていけると。

ところが、生徒から出てきたものを、どのようにさばいていくのかという問題があると思うんですね。ここの生徒さんは、ある意味で暴走する可能性があります。例えば、チンパンジーに「なぜ、アイという名前をつけるのか」とかですね、そういったことは小学校などでよく見かけることですね。そうすると、その「制御」はどういうふうにもっていくのか。つまり、「この作品をあなたたちが読む価値は、ここにあるよ」というところへどのようにもっていくのかということが、（ある意味では普遍的な問題になるかもしれないですが、）精読段階に入っていく際の「焦点」になると思います。

そして、「論証」という意味でつけ加えるならば、例えば、「チンパンジーが目の前のことしか見ていない」という記述に対する「論証」が、この作品内にはないんです。（松沢さんも）証拠がないから、そこのところは「論証」していない。生徒が、そういった「作品内における論証の不足」が見えてきていて、そういった部分を取り立てていくというのは、（本研究会における提案発表で言及があった）「俯瞰する力」につながっていくところではないかと考えます。

六　2時間目以降の指導展開

本授業の2時間目以降は、附属高校の山下憲人教諭にお任せした。その際、味読あるいは批評で終わるという展開にしたいことだけをお願いしている。

山下教諭による2時間目以降の展開は以下の通りである。

IV【提案授業3】

第2時　•焦点授業（第1時）での学びをフィードバックする。
　　　　•筆者の主意を確認した上で、その主意の論拠となる第2
　　　　　段落、第3段落の内容を精読する（図式化──双括型の
　　　　　文章であることの、図式上の確認）。
　　　　•「図式化」の精査、および「主意と具体例、具体例同士の
　　　　　関係性」を捉える（話し合いにて）。
第3時　•第2時での話し合いの内容を発表。
　　　　•各グループからの発表をふまえて、作品の構成、表現上
　　　　　の特色、筆者の主意等を確かに捉え直す。
第4時　•作品のタイトルを考え直す。
　　　　•人間にとっての「想像力」についての考えをまとめる。
　　　　•グループにて読みあい、代表者が発表する。

　なお、山下教諭からは、この展開について、以下のようなコメントをいただいている。

①焦点授業（第1時）において見出された「個の読み」を大切にしつ
　つ、「読みの確かさ」を保障する展開を思い描いた結果が「図式化」
　となりました。
②味読段階において、
　　•「読みの確かさ」や「作品の価値」をふまえた上で、第1時の「考
　　　えてみたいこと」を再度深める（「個の読み」を深める）
　　•「作品のタイトル再考」、「人間にとっての想像力とは」につい
　　　て生徒たちが書いたものを俯瞰化（文集化）する
というところまで進めたかったのですが、時間的な余裕が保てませんでした。この部分が心残りです。

七　学習者の反応記述──考察に代えて

　学習者 SM さんは、ワークシートに次のように記している。

［第1時］

A　気づいたこと・疑問に思ったこと

　「想像する力」が無い方が幸せなのか。

　（再読して─第2時）チンパンジーから進化して人間になったが、その過程で時間の感じ方、物の捉え方、世界の見方が大きく変化していて、それぞれに良いところ、悪いところもあるけど、とてもおもしろい違いだと思う。

B　気になる表現（フレーズ）

　「今、ここの世界」→「今」という間に「今」は過ぎ去っている。

　（再読して─第2時）「絶望」「希望」──人は絶望を知っているから希望もわかるが、チンパンジーは絶望を知らないから、希望を知ることもない。

C　この文章を読んで、これから考えたいこと

　チンパンジーが生きている「今ここの世界」がどんな世界なのか。

［第4時］

◎課題

　人間にとっての「想像力」とは、どのようなものだと考えますか。本文の内容をふまえた上で、あなたの考えを丁寧に記してみましょう。

人間にとって「想像力」とは時に人や他者を救い、時に自分や他者を苦しめるものだと思う。

　教室で空席があれば、その人のことを思い、どうすればこの人は喜んでくれるだろうか、どんな言葉をかけてあげたらよいのだろうか、と他者を思い考えることができる。しかし、明日の自分、十年後の自分といった保証のないことを想像するとき、頭の中で出口のない迷路に迷い込む。そしてそれが現実に起こったらと不安や恐怖が自分を包む。（そして自分で自分を殺してしまう人もいる。）

　「想像力」とは、あるときは美しいものに、あるときは苦しいものとなると思う。どことなく刃物と似ていると思う。大きな力には使い方を誤ると誰かが苦しむ。表裏一体の姿だと思う。刃物と違うのは、目に見えないこと。知らず知らずのうちに自分で自分を、もしくは他者を苦しめる。（それは言葉も同じことが言えると思う。）誰かを思いやる素敵なものとして、人の中にあり続ければいいなと思った。

　SM さんは第２時の再読で、改めての認識を記している。こういう認識の変化を確認することは、国語科の学習として大切なことであるが、なかなか形にすることができていない。

　第４時の記述は、感想といってもよいものだが、「教室の空席」「刃物と似ている」「誰かを思いやる素敵なもの」など、自分の言葉で考えることができている。

　課題Ａの「それぞれに良いところ、悪いところ」、課題Ｂの「人は絶望を知っているから希望もわかるが、チンパンジーは絶望を知らないから、希望を知ることもない」といった認識が、最後のまと

めにつながっていったことがよくわかる。軽々には判断しにくいが、第1時の通読で時間をかけたことが、課題意識の形成という形で生きてきたと考えられなくもない。

　また、**KHさん**は、同じく第4時の課題に、次のように記述している。

　自分を豊かにするもの。本文中に三歳二ヶ月の子どもが見えないものを絵に書き足したと述べられている。この点において私は想像力とは、自我の芽生えとともに人の中で作られ、見えないものを描く、すなわち自分はこうであってほしいという希望の塊だと考える。例えば、私たちは現実的にできないことが叶わないかと思うことがある。無理だと理解していても想像力は働く。このように想像力は人の理想をふくらますものである。しかし、最終段落に述べられているように、人は想像力をもつことにより絶望も味わう。ここにおける想像力とは、例えば自分のこれからを考え、現実では起こっていなくても落ち込むというようなものである。想像力を働かせすぎた故に絶望も生まれるのである。希望も絶望も含め、想像力は生きていく上で必要不可欠なものであり、より人生を充実させるものである。そして自己を形成していく。

　また、**KTさん**は、同様の課題に次のように記している。

　想像する力とは絶望する能力のことだと思う。人間はチンパンジーとは違い、簡単に絶望する。しかし、どれほどな絶望の中でも、ほとんどの人間は小さくても希望を見つけ出し、希望にすがり付いて、絶望した状況を乗り越えようとする。絶望がなければ希望は見

つけられないだろう。

　状況を変えようとしなければ進化はない。人間がこれほどまでに科学技術を進化させることができたのも絶望する能力があったからではないだろうか。

　なので私は想像する力とは絶望する能力のことだと考える。

　これらの記述についても、「丁寧な通読」の効果か否かはにわかに判断しにくいが、「説明的文章をもとに感想を記す」ことの必要性、有効性を示す材料にはなる。少なくともこれが、説明的文章の指導過程における「味読」あるいは「批評」にあたるものであり、それを記述させることが、読みを豊かにさせるものであることは理解されよう。

　さらに、結果として第２時の記述となったが、第１時のワークシートの課題Ｃに対して、次のような記述が見られた。

◎課題Ｃ　この文章を読んで、これから考えたいこと

○KAさん

　この文章を読んで、未来や過去に絶望することは人間にしかできないことを改めて感じました。人間だからもつことのできる感情だと思えば、少しは上を向いて歩けるかなと思いました。

　何度読んでも、小さい子どもでも読むことができるような文章なのに、深いところまでもぐると難しい文章だなと思いました。

○SNさん

　チンパンジーと人間で、未来を想像したり、過去に思いをはせたりするのとしないのとではどちらが幸せなのか。人間は絶望も

するが希望ももてる。チンパンジーは希望をもたずに何を考えて
いるのだろうか。果たして幸せなのだろうか。

○ YM さん

　私たちが普段している想像というものはとても貴重なものなん
だとわかった。想像することをやめれば人間の進歩はとまり、一
瞬でゴリラやチンパンジーと変わらない存在になるのかと思った
ら、想像というのは甘く見てはいけないなと思った。

　自分が何でこの妄想をしたんだろうと今まで妄想を振り返るこ
とはなかったけれど、これからは注意深く考えてみたいと思う。

　第1時の授業を終えての記述である。文章について考えてみたい
ことと、文章を越えて考えてみたいことが混在するが、いずれにし
ても、1時間目終了時点でこの程度の「考えてみたいこと」が出て
くるということは、文章自体に入っているということであり、「通
読」を丁寧にすることの効果といえる。

　KA さんの「小さい子どもでも読むことができるような文章なのに、
深いところまでもぐると難しい文章だなと思いました」という記述
は、「二－1」で述べた「高校の評論文の指導においても、『届きそ
うだ』という前提から、『さらに深く読める、分析できる』という地
点へ向かうことが求められているのではないか」という問題意識を
裏付けるものである。

[補記]

　この実践は、愛媛大学附属高等学校国語科教育研究会（第4回
平成26年2月）における提案授業の記録である。このような機会
を与えていただいた愛媛大学附属高等学校、とりわけ国語科の皆さ

んに心より感謝申し上げる。

　この後の授業や協議の記録については、山下憲人教諭の手を煩わせた。実践そのものは、山下教諭との合同作業といえる。別して感謝申し上げる。

> 資料① 国語科学習指導略案

国語科学習指導略案

指導者　愛媛大学教育学部　三浦和尚

1. **対象**　　愛媛大学附属高等学校2年
2. **期日**　　2016年2月2日
3. **学習材名**　「想像する力」（松沢哲郎）
4. **本時の指導**（全5時間扱いの第1時）

①本時の目標

　本文を通して読み、気づき・疑問などを交流して、読解の見通しをもつ。

②本時の展開

学習活動	指導上の留意点
1. 本文音読	・生徒指名音読。 ・「気づいたこと・疑問に思ったこと」と「気になる表現（フレーズ）」を短冊1枚ずつ記すことを指示しておく。
2. 「気づいたこと・疑問に思ったこと」について交流する	・4人程度のグループで、各自の短冊の内容を読み、質問しあう。 ・グループで一番問題だと思われるものを選び、発表する。
3. 「気になる表現（フレーズ）」について交流する	・先のグループで、各自の短冊の内容を読み、何がどう気になるのか話し合う。 ・グループで一番問題だと思われるものを選び、発表する。
4. まとめ	・特に印象に残った内容を確認するとともに、「この文章を読んで、これから考えてみたいこと」を記すことで、次時からの読みの身構えを作る。

③**板書計画**　基本的にはグループの発表内容を記していく。

④**評価**　・文章内容を概括することができたか。

　　　　・本文について次時からの読みの課題を自覚的に捉えることができたか。

資料② 第1時の板書

想像する力　　松沢哲郎

Ⓐ

- チンパンジーの気持ち　希望　死
- サルの欲望
- 人間以外に想像できる？

想像がないと幸福？不幸

- いたみがあるのになぜ落ちこまないのか
- 人間は想像力をなぜ得たのか
- 数え方──七人
- なぜ想像する力がないのか
- 54ペ7行　想像する──決してない

なぜそう言えるのか

- 絶望しない人などいるのか
- チンパンジーは希望もしらないのか

尾括型
頭括型
双括型

評論
○何が書いてあるか
○どう書いてあるか
○自分はどう受けとめるか

資料③ ワークシート3種

A
「気づいたこと・疑問に思ったこと」

氏名［　　　　］

B
「気になる表現（フレーズ）」

氏名［　　　　］

C
この文章を読んで、これから考えてみたいこと

氏名［　　　　］

Ⅴ

【提案授業4】

高村光太郎「レモン哀歌」の指導
―詩の「楽しみ方」を求めて―

▶ 配信動画

ウェブサイトで授業の動画を公開しています。下記のアドレスもしくはQRコードからウェブサイトにアクセスして、動画をご覧ください。アクセスの際にはIDとパスワードの入力が必要となります。下記のIDとパスワードをご入力ください。

ID：sanseido-kokugo
パスワード：90VXnQSW07
url：https://tb.sanseido-publ.co.jp/kokugo_practicalsuggestion04/

（配信予定期間　2017年11月1日〜2020年10月31日）

V 【提案授業4】

一 問題の所在

　私は以前に、次のように記したことがある（「詩の学習指導―「読み方」から「楽しみ方」へ―」拙著『「読むこと」の再構築』2002　三省堂）。長くなるが引用する。

はじめに

　詩の学習指導は、現場の教師に敬遠される傾向があるという実態は否めない。［中略］

　私たちはこれからの国語科教育を考える上で、この「必要ではあるが、指導しにくい」という現実認識にどのように対応していけばよいのであろうか。

一　詩の学習指導の意義

　詩歌は、ことばの発露の、ひとつの典型的、究極的な姿である。その意味では、ことばを見つめるのに最適な教材であるはずであり、そこに詩の教材性、また詩の学習指導の意義を見いだすことができる。

　詩の教材性の特徴を、他の文種と比較して、次のようにとらえることは可能である。

- ことばのリズムを味わう。

- ことばのおもしろさをとらえる。

- 世界のとらえ方を学ぶ。

　これらの内容は、ことばのリズム・ことばの使い方に示される「ことばの豊かさ」と、ことばの使い方を通して示される「認識の方法のおもしろさ」という視点でとらえなおすこともできる。［中略］

むろん詩歌以外の文種でこういったことが指導できないのではないが、詩の場合、これらの特徴が端的に現れている点で、教材性の特徴として位置付けられるのである。しかしそれが「指導しにくい」ということは、詩という教材そのものがある種の難しさを持っているのか、それとも学習者の発達との違和が教材にあるのか、そうでなければ指導法に問題があると考えざるをえないだろう。［中略］

三　詩を読むということ

［中略］

　私たちは詩を読み進めようとするとき、分析的に、客観的にという方向に進みがちである。それはいかにも「読解」という作業を進め、授業をしたような気持ちになるのだが、実際に読者として詩を受け止めたことになっているのかどうか。［中略］

　われわれが普通に考える「分析的な追求」が必ずしも詩を詩としてとらえたことにはならないということである。また「分析的な追求」がなくても詩を好きになることはありうるということである。

四　詩を好きになるということ

［中略］

　私は先に、教師の本音として「詩が指導しにくい」ということがあるのではないか、と述べた。その背景には、教師自身が詩を分析的に読み切れていない、ひとつの解釈を自身が持っているにしても、その解釈に自信がない、何か「有益な学習事項」を「教え」なければならない、といった意識があると考えられる。そして、現実の学習指導は、詩の韻律にひたらせるというよりも、いかに読み解くかという方向に向かいがちである。［中略］

　教師にも子どもにも無理がある「解釈」を求めて、詩の本来持

つ韻律の楽しさをおろそかにすれば、詩の味わいや楽しさが保障されるはずがなく、ましてや詩を好きになどなりはしないだろう。「解釈」をしなくてもよいというわけではなく、また「解釈」をしてはいけないというのではないが、「解釈」そのことが目的になり、「解釈」の内容が教室全体の統一された目標になることには疑問が残る。

学習指導は、「詩の読み方」に向かうのではなく、「詩の楽しみ方」に向かうべきではないか。（前掲書　第三章第三節　部分）

以上、詩の指導に関して基本的な立場を述べた。今回の研究授業は、韻律から入ったものではないが、「詩の楽しみ方」を意識したものである。

大学入試等の課題を抱える現場でも、詩歌についてはそれほど神経質にならなくてもいい現実があろう。詩歌の学習を「楽しみ方」と捉えて、生徒ともども楽しむ場を形成すれば、少し力を抜いて詩歌に親しむことができるようになるのではないか。

「詩の楽しみ方」の方向性で一歩を踏み出した学習者は、おそらくいずれ、「読み方」にも向かうような「読み手」になっていくであろうと思われる。

二　学習指導について

1　実践の概要

（1）対象　　愛媛大学附属高等学校２年１組

(2) **期日**　　2015 年 2 月 16 日

(3) **単元名**　詩を楽しむ「レモン哀歌」（高村光太郎）

(4) **指導のねらい**　［前述］

---

2 **本時の指導**

(1) 本時の目標

　　○構成に着目して、二つの時空の情況と心情を捉えることができる。

　　○詩としての言葉の使い方のおもしろさを味わう。

(2) 本時の展開（全 1 時間扱い）

　　準備した指導案は本章末尾（124 ページ）に掲載した形であったが、全体を二つに分けるところで計画通りに行かなかったので、以降の展開を変えている。実際の展開は以下のようである。

①**本文音読**

　　生徒音読

②**構成を捉える**

　　範読…全体を二つの部分に分けるとするとどこで分けられるか

　　　→［生徒］「それからひと時」で分かれる

　　決着をつけず次の過程に入る

③**語句を吟味する**

　　気になる表現、気に入った表現に線を引く　　2 箇所程度

　　周囲で交流の上、理由をいいながら発表

　　　→［生徒］「青く澄んだ目」

　　　　　　　「トパーズ色の香気」

　　　　　　　「咽喉に嵐」

109

「がりりと噛んだ」

④場面を想像する

　ここはどのような事態にあるのか、想像する

　場所・空間で想像か、心情で想像か

　　→病室か自宅かといった論点となる

　「今日も置こう」などに着目

　最後二行が時間と場所の違いがあることを指摘

　　　→［生徒］窓際で太陽の明かりがある

　　　　　　　季節……桜の花かげに

　　　　　　　私が持ってくるレモンを待っていた

　最後の部分での心情を想像した人はいませんか

　　　→［生徒］「涼しく光る」──別れは悲しいけれど、今は前を向

　　　　　　　いている感じがする

⑤まとめ　「今」の「私」の心情を捉える

　最後の場面の「私」の心情を想像してみたい

　「レモン哀歌」の「哀」という字の意味を考えて欲しい

　範読──改めて気づいたところに線を引く

［注記］

　なお、教材本文（プリント）に、高村光太郎の紹介と、以下のよ

うな課題を付している。

◎学習課題

　1　作品全体を二つの部分に分けてみよう。

　2　気に入った表現（―線）、気になる表現（＝線）を本文に書き

　　　入れ、その理由を下の空欄にメモしよう。

また、評価として、指導案に次の二点を挙げた。

○評価　• 二つの場面の様子と心情を想像豊かに捉えることができ
たか。

　　　　• 詩の言葉に着目しつつ、音読を楽しむことができたか。

三　授業の考察

「詩の楽しみ方」というコンセプトで行った授業であるから、「詩
を楽しむ」ところへ一直線に向かうために、「想像」を前面に押し出
した「つもり」であった。事実、生徒の想像を否定せず、膨らませ
ようとしたことはまちがいない。

1　生徒の認識について

大きく二つのハードルが現出したと考えられる。

ひとつは、やはり戦前の文学について、生徒の知識が、私が想定
したほどは追いついていなかったということである。それは、生徒
の責任ではない。私の準備の至らなさである。具体的には、例えば
「あなたの青く澄んだ眼」「あなたの咽喉に嵐はあるが」について、
外国人だろうか、とか、咽喉の病気なのか、といった反応である。
「青く澄んだ眼」が美しい目の表現としてそんなに特殊なものでは
ないと判断していた。また、「咽喉に嵐」は、容易に病名にたどり
着くと思っていた。

こういう場合、「想像」を授業の核とするのであれば、事柄につ
いてはできるだけ注をつけておくべきであった。智恵子が外国人か

111

どうかというレベルで想像しても、あまり生産的なことにはならない。同様に、「咽喉に嵐」も「死の床」「命の瀬戸際」「機関は…止まつた」等の表現から「死の病」へ簡単に向かうと思っていたが、そこが議論になっても、鑑賞は深まらない。詩の解釈・鑑賞の肝となるところで想像を十分にさせるには、そういうあたりは思い切って説明してしまう必要があろう。授業中に説明してしまうと「自分なりの想像」というところが薄くなるように思い説明を避けたが、「ここは同時代の人が読んだらこういう意味にしかならない」といった言い方で簡単に説明してしまったほうがよかったかもしれない。

　ただし、現場教員から、「近頃の子どもは言葉を知らないから授業がしにくい」という声を聞くことがあるが、知らないというのは事実としても、それは子どもたちが育った環境の中でそうなったのであり、子どものせいではない。したがって今回の授業も、子どもが言葉をよく知らなかったからうまく進まなかった、とは決して言うつもりはない。

❷　全体を分けること

　もうひとつのハードルは、「全体を二つの部分に分ける」という課題がうまく整理できなかったことである。

　この詩は、智恵子が死ぬ場面と、それを回想してレモンを置こうとする末尾二行に明確に分かれる。それを分ければ、主に場面（智恵子の様子）に関わる前半の想像、主に「私」の心情に関わる後半の想像と区別して、豊かに読んでいけると踏んだわけである。その教材観にはまちがいはなかろう。しかし、授業で生徒から出た答えは「それからひと時」であった。確かに時間の変化を感じさせる表

現ではあるが、それを予想できていなかった。

　ここで強引にいったほうがよかったのかどうか、今でも判断つきかねている。強引にいったほうが本来のねらいの「想像」の豊かさにはもっていける。一方、ここで強引にやると、「自由な想像」からはそれて、教師の誘導の雰囲気になる恐れがある。その狭間でその場の判断をしたわけであるが、そのときに私の頭にあったのは、ここで決着をつけなくても、いずれはそこにたどり着く、という期待であった。事実そのように展開したので、その判断はまちがっていなかったわけである。が、切れ目が明確になったとき、場面の切れ目と、そこに着目する意味とをきちんと生徒に伝えてはいなかった。

　さらに言えば、準備段階で、研究授業として、少しは「読み方」に踏み込まないといけないのではないかという強迫観念が私にあったのは事実で、その結果「場面構成に着目して読む」という技能を提示したかったということがある。そんな姑息な思いは捨てて、「自由な想像」一本で学習を組織すればよかったのではないかと、現在は反省している。

---

③ 今後の課題

　以上のように考えたとき、私がこの授業は失敗だったと思った理由がはっきりする。研究授業に必要な提案性が、授業として表現されていない。さらに言えば、コンセプトとして提示した、

- 言葉のリズムを味わう。
- 言葉のおもしろさを捉える。
- 世界の捉え方を学ぶ。

という点にはさらに遠い。学習評価にも耐えられない。

　振り返って、授業として成立していないとまでは自分を苛まないが、研究授業としては成立していないことを痛感する。ただ、傲慢な言い方になるが、今回の授業で目指したものがまちがっていたとまでは考えていない。

　例えば私は昔、「曠原淑女」（宮沢賢治　高一）で、読後にイメージする色と、そのイメージの根拠を発表させ、議論することで読みを深めようとしたことがある（『国語科研究紀要』第16号　114ページ　広島大学附属中・高等学校　1985）。

　これは、印象としての色は、ある程度読めていないと思いつかないというものではなく、誰にでも感じられるもので、その「誰にでも反応できる」ところを学習の入り口にしようとするものである。

　それはそれで「読み方」のひとつかもしれないが、色で入るのと、全体を三つの部分に分けるのとでは、入り方は全く異なる。色であれば誰にでも反応できるし、同じ色を選んだ生徒の根拠を聞くことで、あるいは、違う色を選んだ生徒の根拠を聞くことで、自身の読みを確かめたり、広げたりすることができる。

　「自由な想像」に徹底するということは、その想像を交流する限り、誰でも読みに入り、広げ、深めていくことができる方法だと考えられよう。

　ただしその場合、話し合い場面（交流場面）における教師の司会能力が、その成否を分けることになることは指摘しておかなくてはならない。

高村光太郎「レモン哀歌」の指導—詩の「楽しみ方」を求めて—

四 〈授業研究会〉記録

　以下は、当日の研究授業後の研究協議でのやり取りの記録である。参加者からの質問に三浦が答えている。

1 自評

- 詩の内容そのものを楽しませることについて
- 段落構成を理解させるために、事前に考えられていた発問、質問内容
- 音読を楽しむための方法について

　高村光太郎を「詩人」というところで、どういうアプローチをするかということですが、今日はそこを排除することを提案するということで授業をしました。

　基本的に子どもが自分の力で作品にぶつかっていって、そこで読む方法なり着眼点なり楽しむ方法なり、そういうことを育てるのが国語科であって、そこのところをまず保証せずに、この詩人はこうだとか詩とはこういうものだとか、詩の芸術性がこうだとかいうふうなことを教えても仕方がないという前提に私は立っています。

　詩を読むときこんななことを考えて読んだら、なんかもうちょっと深くわかったとかいうようなことが先ずあって、その上でというふうに考えていますので、そこをご提案するために今日の授業をやりました。あえて「作家」には「詩人」には一切触れないというスタンスを貫いています。ただ最後に言うのを忘れていたのですが、自分の力でどれだけ読めるか、そしておもしろいところや「さすが詩

115

人だな、ことばが上手いな」というところを自分の力で考えるという、自分の力を使って楽しむというところもあるけれども、いったん帰ってインターネットでもいいから、「高村光太郎」で検索してみてくれと、それは Wiki でもなんでもいいから、それで高村光太郎のことを知ると、また違うおもしろさがあるかもしれないよ、そういうことを最後に言って終わろうと思っていたのに忘れてしまいました。スタンスとしてはそういうスタンスです。

　詩人のことなどがわかって、あるいは時代背景などがわかって、おもしろくなることも当然ありますが、それを先に読ませて与えるのは言葉の力としてのあるいは詩を楽しむ、詩を読んで自分の人生を豊かにする子どもを育てることにはならないということです。

　それから場面分けについては、まさかあそこが出てくるとは思わなかったんで、どうしようかと思いましたが、いじればあそこは修正できたはずですが、あそこでいじるとやっぱり正解到達という前提になる気がしまして、これはあとで子どもに自由に言わせてたら絶対出てくるぞと踏んでいましたので、棄てました。時間経過でこういうふうに分けることができるねというところだけは押さえたつもりです。

　楽しむ音読は本当に難しいです。ただ、私は基本的に生の声の魅力を聴かせないとだめだと今思っています。テープではだめだと思っています。そういう意味で今日の私の音読をどう受け止めていただいたかわかりませんが、私なりには夕べも何回か小さく声に出して読んでみてというぐらいなことはしました。声に出して読んでいるところが何か感じいいなという気持ちにさせるというのが第一歩かなと思いましたので、今日も二人の生徒の音読はほめておきました。けれども本当に声もよかったし、私ははじめの子の音読は特に

好きだったですね。あの素朴さは。あれは心からほめたつもりです。そういうところから楽しむことのスタートかなと思います。

2 場面をとらえる力を育てることについて

　漠然と場面を分けろと言っている傾向が、私が昔授業をしていたときはあって、教師の方もわりと感覚的に答えるというところがあって、まあ、物語では時間が変わる、場所・空間が変わる、人物が変わる、人物の心情が大きく変わる、あるいは大きな事件が起こるというような場面分けの基準はあるわけですよ。そういうことは意識させておいてやったほうがいいと思いますね。ここで切れるというが何が変わったんだ、場所が変わったんではないかとか。ただ場面分けの力そのものが読む力のどれだけなのかというのは私は疑問に思ってます。結果的に場面分けができるというのは大切なことかも知れませんが。場面に分けようとすることに、特に説明文などの場合は、評論なんかの場合には、段落に分けようと意識して読むことによって結果的に流れがわかるという、部分に分けて読むともっとわかりやすくなるぞという意識で文章を読むということが大事であろうと思います。

　結果的にどこで分かれたかという結果のところは、そうたいした問題じゃないというふうに思います。物語ではもっと意味が弱いというような気がします。場面に分けたから何がわかったのかということではなく、何が変わったのかというところを尋ねてやればいいんじゃないかという気がしているんですけど、ただ、場面分けのときに、受験とかを考える場合に、時間とか空間とか意識できるようにしておけばいいのかなと思います。

【提案授業4】

3 学習課題「気になる表現・気に入った表現」を設定した意図

　「気に入った表現」というのは、詩の言葉としてかっこいいなとかみたいな目で言葉を見させたいなという、それでいいと思うんですけど、これってすてきだなとかかっこいいなとか、いい感じだなというような、そういう目で言葉を見るということを習慣づけといたほうがいいと思います。「気になった表現」というのは、子どものレベルではよくわからない表現ということに今日はなってしまったみたいですが、何かもっと深い意味があるのではないかとかいうようなものが出てくれば、それでいいかなと。

4 もう1時間するとしたらこの後の展開はどうなるか

　もし2時間与えられているならば、そこまでで1時間やってしまうのではないかと思います。今日の最後の15分ぐらいを2時間目に回しつつ、最後の発問「今（今日もレモンを置こうと言っている）私がどんな思いでこのレモンを見ているのか」というところを書かせて、交流して、最後にすらすら気持ち込めて読めたらいいね、みたいなので、2回か3回か読ませて終わるというようなところでしょうか。

5 音読の中でも教師の範読に関して心がけること

　教師が範読するという時には必ず、子どもの音読ではだめだという意味づけがあると思います。それはすらすら読んできちんと聴か

せるという読みにもあるでしょうし、子どもに作業させるという意味もあると思います。初めの範読は子どもに読ませた後の範読ですので、その前にやはり「二つに分けましょう」ということを考えながら読むとしたら、子どもがつまりつまり読んでもらったんでは困るし、読んでる子はわからないんですよね。考えられないわけです。だから、読みの確認というのを含めてゆっくり読みました。最後は味読ですから私としては、最後の２行のところの私の気持ちに子どもがなりきって読めるかというところへ追い込むためには、味読という意味では有効であろうと考えました。ですから、範読には必ず意味がある。

　例えば、「山月記」にしても「舞姫」にしても、例えば「山月記」などは、初めに子どもに読ませても、つまりつまりになりすぎるから、そこで読みのリズムをつくるためにも、はじめに１ページ２ページくらいは教師が読むというときもあると思います。「舞姫」なんかはあまりにも長いから、間に教師が読むことによって読みのリズムをつくるということもあると思うんですね。そういったことも範読をするに値するのだろうと思います。繰り返しますが、子どもに読ませるのではなくなぜ教師が読まないといとけないのかということについては、必ず授業展開としては理由づけが必要だと思っています。

6　豊かに読ませるためのアプローチ

　基本的なスタンスとして、教師が確かに読んでいるということ自体に疑問符を付けております。それは自分が自分なりに一読者として読んでいますといっているのに過ぎなくて、もっと優れた読み手

が世間にはいて、その人に言わせたら、「何だその稚拙な読みは」とか、あるいは、読みのアプローチとしても、光太郎、智恵子という実在の人間を前提にこれを読むのか、いわゆるフィクショナリティがあるという前提でこれを読むのかによっても読みは当然変わってきます。

　そうすると読みの確かさというのは、自分はこう思うと言ったときに、その理由・根拠をちゃんといえるかどうかというだけのことだと思うんですよ。今日の「青い眼」の中で、どうしようもなかったのは、「智恵子というのは本当にいてね、日本人だったんだよ」と言ったのでは元も子もないと、私は今日の授業では思ったわけです。「『青く澄んだきれいな瞳』のいう表現が日本の言葉としてあるんだよ」と触れておけばいいのかなというようなところですが、「確かさ」へのアプローチと言われると、ちょっとつらくて。子どもがこんな想像をした、それはこんなところからこんなことを考えたからこういう想像が僕の中で可能になったんだということが語れるかどうかというのが、それが実は読みの力でしょう。

　（例えば、「羅生門」で）ここで下人はどういう気持ちでしたかというのを黒板に書いて、それを覚えさせたところでたいした力じゃないですね。本当はその下人がここでこういう気持ちになったんだということを確定していく過程でそこをどういう言葉に着目して、そこをどういうふうに筋道立てて説明できたのかというところが「言葉の力」だと思っていますので。ちょっと難しいので答えになっていないかもしれませんが、教師が教えようとしていることが、伝えることが確かだというふうには私は全く考えていないということだけ。

　自分より優れた読み手は絶対いますし、自分の読みと違うところ

で読みが成立するということは、当然あるという前提でゆかざるを
えないと思いますね。まあそういう意味では二十何年前までは、私
も偉そうに「俺の読みがいちばんだよ」という顔して教室に出てま
したが、当時の子どもに謝るしかございません。

7 交流について

　どこまで開き直れるかという問題だとは思うのですが、いろんな
読みが立ち上がるということが、複数の子どもがいる教室で読むと
いうことのメリットだろうと思いますね。一人で自分の部屋で読ん
でいるのだったら、それは一人で読めばいいわけで、ゆさぶられる
こともない、いろんな人の意見がそこでわかるというのが、複数の
子どもがいる教室で読むということですから。

　そのことによってゆさぶられたり、全く違う視点からの読み方を
得たりしながら、最終的にそういう過程を経て、自分の読みを作り
出していく、その過程を教室で現出したい、そうであれば十人の読
み手の中には十人の読みが生まれる、文字は共通であっても、読者
の心の中には十通りのテキストが生まれる。そのテキストを教室と
いう学びの場を経過することによって、他から読みの刺激を受けて
そのテキストが変化していく、深まっていく。そういう場であれば
いい。それなりに自分の読みが確立されればいい。

　ただ、そこで確立されたと思った読みもまた3年、4年経ったら
変わってきます。100%到達しましたみたいな読みは、私たち人間
に導かれて生きている以上あり得ないという前提に立っています。
そのときなりのこの子ども達の精一杯の読みが、ゆさぶられて、深
まって、自分なりの納得できる読みが自分の中で成立したと思える

121

ような状況をつくってやりたい。

8 （観点を与えず）ことばから自由に想像させた発問意図

空間的な状況と心情的なものと、というふうに観点をあえて書かせるのも一つの方法ではありますが、そうすればするほど作為的になりますよね。だから、自由に何でもいいから想像しろという状況、そうしたかっただけです。ただその後、空間的なもの、心情的なもので書いた人と聞きましたのは、なんとか「二つの場面に分ける」というのを修正したくて、「空間的な」という言い方をすれば、「病室がどうこう」というような話にきっとなるなと思ったんです。そしたら、バチッとはまったものですからしめしめと思ったのですよ。

ただ、発表させる時間が足りなかったのも事実で、もうフリーに発表させる手もあったのですが、時間の問題と今の「二つの場面に分ける」という、あれを確定しないと、この詩の趣が全然変わってくると思いましたので、そこにもってくるために、「空間的な」という言い方でとりあえずこれに決着をつけとけば後はどうにでもなるかな、あれはアドリブです。後の処理はアドリブです。流れの中で考えました。結果悪くなかったなと考えています。

9 「詩のことばに着目しつつ音読を楽しめたか」の「評価」について

指導案としてつくるときに、こういう評価項目が重要だなというつもりで指導案としては書きましたが、今日の授業では無理です。

ただ評価というのもテストの点みたいなのは評価というのではなくて、例えば、今日も「いい声だね」と言いました。あれは立派な評価なんですよね。そういうふうな見方で、「ああ確かに言い声だったな」とか「確かにテクニカルではないけど、素朴でいい感じだったな」みたいな、教師がそう評価することによって、他の子ども感じているかも知れない。

　こういうふうに評価と書くとこの場においての評価としか受け止められないですけれども、本来、評価というのはそういう意味ではないというのは、子どもの音読を評価することによって音読のあり方というのを子どもにその場で示すことができるというそのあたりのことは意識していたつもりですし、それは大切なことだろうと思っています。それを通知表にどう還元するかといわれると今日の授業ではどうしようもないです。

五　おわりに

　詩（韻文）の授業をもっと気楽に楽しくできないかと望んだ授業であったが、教師のほうが楽しみ損ねたのかもしれない。やはり授業は難しい。が、やってみて学べることは大きい。

　今回の機会を与えてくださった愛媛大学附属高校、また国語科の先生方に御礼申し上げる。

　また、拙い展開にがんばってついてきてくれた生徒たちに、心より感謝申し上げる。

Ⅴ【提案授業4】

資料① 国語科学習指導略案

国語科学習指導略案

1. **対象**　　　愛媛大学附属高等学校2年1組
2. **期日**　　　2015年2月16日
3. **単元名**　　詩を楽しむ「レモン哀歌」(高村光太郎)
4. **指導のねらい**［前述］
5. **本時の指導**(全1時間扱い)

①本時の目標

- 構成に着目して、二つの時空の情況と心情を捉えることができる。
- 詩としての言葉の使い方のおもしろさを味わう。

②本時の展開

学習活動	指導上の留意点
1. 本文音読	• 生徒指名音読、後範読。
2. 構成を捉える	• 全体を二つの部分に分けるとするとどこで分けられるか。
3. 前半の語句を吟味する	• 「そんなにも」「かなしく…死の床」「咽喉に嵐」といった言葉に着目したい。 • 前半指名音読。
4. 前半の内容を捉える	• ここはどのような事態にあるのか、できるだけ想像する。 • WS記入の後、グループで交流。 • 特に感心した想像を発表しあう。 • 全文指名音読。
5. 後半の内容を捉える	• 「今」の「私」の心情を捉える。 • 範読。
6. 作品を味わう	• 感想の交流。

③板書計画　〈略〉

④評価　• 二つの場面の様子と心情を想像豊かに捉えることができたか。

　　　　• 詩の言葉に着目しつつ、音読を楽しむことができたか。

124

VI

【実践報告】

小説教材を導入に
生かした学習指導
―「藪の中」「新聞記事」(高二) の場合―

VI 【実践報告】

はじめに

　高等学校における国語科単元学習が、生活単元的には構成しにくいという現実がある。それは、生徒サイドからいえば、日常的な授業のイメージから離れるという点でなじみにくいということがあろうし、また、教師サイドからいえば、単元の中でどういう学力をつけるのかという見通しが立ちにくいために、単元を構成するに躊躇する面があるためでもあろう。あるいはまた、作業や班学習といった形態が、生徒の実態の中で機能しないという現実もあるかもしれない。

　しかし、日常生活に資する言葉の力を養うためには、単元学習はきわめて有効な学習方法であると考えられる。

　今回の私の実践がどういう点で単元学習といえるのかについては明確でない点があるけれども、指導の出発点には、日常生活に資する言葉の力の育成が、高校生においてもなお必要なのではないかという問題意識が存在したことは事実である。

　以下、その実際について報告、考察することとする。

一 単元設定のねらい

　単元の設定にあたって、具体的に次の二点をねらいとした。
①情報化時代といわれる現代、生活の中で情報を吟味していく力は、ますます重要になっていくであろう。新聞記事などを、そのまま断片的に受けとめるのではなく、背後にある事象に思いをめぐら

しつつ、多面的に判断していく態度を身につけさせたい。

②論理的に意見を展開する力が弱くなっているように思われる。本気で議論することが生徒たちの美意識にそぐわないということもある。しかし、論点を明らかにしつつ、自分の意見を明確にする態度が、これから重要でなくなるとは考えにくい。自分の意見を論理的に展開する力を身につけさせたい。

①は、記事というものは客観的に見えて、実は当事者の思いを正確には伝えていないことが多いのではないか、そういう実態を認識した上で事実を正確に捉えようという姿勢が大切であるという問題意識に基づいている。

②は、いうまでもなく、話す力、議論する力の欠如についての憂慮である。

二 指導の実際

1 指導の概要

(1) 期日　1989 年 6 月

(2) 対象　広島大学附属高校 2 年 3 組　男女 42 名

(3) 教材　A「藪の中」(芥川龍之介)

　　　　　B「新聞記事」(朝日・読売・中国―6 月 6 日～20 日)

　　教材 A の「藪の中」は導入的役割を果たし、教材 B の「新聞記事」は中心教材として、生徒の活動の軸となっている。

(4) 学習目標

　　①構成をふまえることにより、場面の様子を的確に捉える力を養う

Ⅵ 【実践報告】

と同時に、登場する三者の比較から、人間心理の理解を深める。

②事象の背後にある人間の姿を洞察し、多角的にものごとを捉えようとする態度を養う。

③目的・論点・根拠を明確にして議論をすすめる能力を高める。

　学習目標の①は、主として「藪の中」に関わるものであり、②・③は、主として「新聞記事」の学習に関わるものである。

---

2 指導過程

　指導過程は大きく前半（第1次「藪の中」）と後半（第2次「新聞記事から考える」）に分かれている。

〈第1次──「藪の中」〉

第1時　通読、感想、形式・構成の確認

第2時　構成の把握

構成
| 1〜4段　関係者の証言（事実設定） |
| ＊＊＊ |
| 5〜7段　当事者の告白（くいちがい） |

　　　　設定の把握―前半部の新聞記事化（実際の新聞記事をモデルとした。）

　　　　　　　　記事の構成―
| 見出し |
| 概略 |
| 説明 |

第3時　記事内容の検討

　　　　概略―いつ・どこで・誰が・何を・どうした

　　　　説明―遺留品（くし・なわ・小刀）

もちもの、凶器

人物の性格、etc

第4時　後半音読

3人の告白の突き合わせ

自分がやった＝共通──矛盾

信ぴょう性の考察──嘘の必然性なし

第5時　3人の動機の検証

第6時　事件の真相についての考察

話し合い（3〜4名で問題点を整理）

作文「事件の真相」（説明的文章）

双括型
```
結論
　なぜならば
　　事実（引用）──解釈
結論（繰り返し）
```

相互にコメントを付けて提出

第7時　真相の検証と主題（全体での話し合い）

〈第2次──**新聞記事から考える**〉

第8時　「遅刻」についての記事をもとにした話し合い（**資料①・**
140 ページ）

学習手順の説明

（この後、2週間、新聞3紙を毎日購入し、教室にストック。
生徒に記事1編を選ばせる。──**資料②・141 ページ**）

第9時　2〜3人のグループ（任意）で、記事1編を選択──基準の
明確化

物語の構想（第10時へ）

VI 【実践報告】

第10時　背後にある人間の物語を書く（一人称、私小説風、800字
　　　　以上。同じ記事を複数の生徒が扱う場合は、できれば視点
　　　　人物を変える。）――後に教師による添削（内容的コメン
　　　　ト）

第11時　記事についての意見文を書く（800字程度）

第12時　意見文の書き方について考える（一般的に）
　　　　他の生徒の意見文についての批評（**資料③・141ページ**）と、
　　　　自分の意見文の構想

第13時　他の生徒の意見文に対して、自分の意見文を書く（800字
　　　　程度）――後に教師による添削

第14時　評価

　前半、第1次は、計7時間、「藪の中」を小説としてふつうに読
んだ、というかたちになっている。ただし、第1次の指導過程の導
入として、次の2点を位置づけている。

①第2時の物語の新聞記事化――新聞記事への親しみ

　物語の設定ともいえる前半部――木樵り、旅法師、放免、嫗とい
った関係者の証言部分――をもとに、事件を新聞記事にする。作業
にあたっては、実際の新聞記事をモデルに、一般的な記事の書き方
について説明、指示している。

②第6時の作文「事件の真相」――真実洞察の姿勢

　真相は藪の中である、ということをはっきりさせるために、「事
件の真相」を説明する作文を書かせた（**資料④・142ページ**）。この
作文は構成を双括型とすることとし、作品中の言葉を確かな論拠と
して記すよう指導した。

後半、第2次は、計7時間の指導になっているが、通算の第8時と第9時の間は、2週間の教育実習がはさまっており、その間、生徒は任意に新聞記事を選ぶというかたちになっている。

第8時にとりあげた**資料①**の記事は、遅刻者なし千五百日めをむかえた朝の、生徒や教師の反応、千五百日の努力、運動の提唱者の思い、最後の遅刻者の思いなど、さまざまな人物のさまざまな思いが想定できるものであった。それに対して生徒は、素直に賞賛するもの、自分はよく遅刻するのでこういう学校ではたまらないというもの、これから初めて遅刻することになる生徒がかわいそうだというものなど、多様な反応を示した。事象の背後に人間のさまざまな物語が想定できることを感じとれたのではないかと思われる。

自分が選ぶ1編の記事は、想像という要素を強めるために、なるべくさりげないものをという指示を出したのであるが、やはり政治的大事件（中国天安門事件など）を取り上げている生徒も何人かいた。

三 考察

1 単元の性格

今回の実践に対して、生徒の実態から問題を掘りおこし、独自の教材を組み立てる中にさまざまな技能をもりこもうとした学習であるという説明はできるであろう。しかし、それがいわゆる単元学習かということになると、単元学習の定義自体が確かなものになっていない以上、にわかには判断できないところがある。二つの教材を組み合わせた単元的展開、あるいは、関連指導という説明のしかた

Ⅵ 【実践報告】

も可能であると思われる。一方、少なくとも、主題単元、ジャンル単元、技能単元といわれる性格のものではないということも明言できよう。

2 導入としての「薮の中」の学習

今回の指導の特徴として「薮の中」の位置づけの問題がある。

「薮の中」は、次のような意味で、「新聞記事から考える」という学習に向かうための導入的役割を果たしている。

①新聞記事を教室に持ち込み、内容に着目させることによる、次の学習の展開における違和感の除去。

②作文技能としての「構成」「論拠」といった点のモデル提示、あるいは練習。

③事象に対する人間の見方は一様ではないという、内容的な共通性。

むろん、扱いとしては、「薮の中」は小説としての読解を成立させている。その意味では、「薮の中」は、小説の読解学習という面と、「新聞記事から考える」という学習の導入教材という二つの側面をもっているといえる。

そして、導入教材としての「敷の中」が効果的であったという点は、今回の学習のひとつのポイントであったと思われる。

3 書くことの習熟

生徒たちはこの一連の学習で、少なくとも５回の、まとまった文章を書く機会をもったわけであり、間にメモ的に書かせたものを含めると、量的には相当の量を短時間にこなしたことになっている。

小説教材を導入に生かした学習指導─「藪の中」「新聞記事」(高二) の場合─

　このことは、次の感想のように、書くことに慣れてくる、抵抗がうすくなるという効果を生んでいる。

　"短期問にたくさん書いたので、最初は多少苦しかったが、この学習が終わってからも、何か書きたいと思うようになった。だんだん書くことが苦しくなくなってきたのでよかった。"(男子)

　また同時に、自分の表現能力の実態を自覚し、自己評価する機会となったという、次のような感想もある。

　"僕はあらためて自分の表現力や、自己主張する力のなさを感じた。やはり、この社会、入試に論文というのがでていることからも、もっと、自己主張できる人間を望んでいると思うので、そんな力を自分はもっとつけなければいけないと感じた。"(男子)

　一般的には、当然のことであるが、短期に量をこなすことは、うんざりするというかたちでの拒否反応を生じやすい。今回、これをある程度防ぎえたのは、さまざまな種類の文章を設定したということがあると思われる。特に、物語を書く過程(第9〜10時)は、設定が、新聞記事という形で準備されている点で、本格的な創作ではないにせよ、生徒は小説家気分で書いており、楽しい学習であったようである。
　多様な種類の文章を設定したことも、この指導のポイントのひとつであったと考えられる。それは、量をこなさせることの効果をにらんだものであり、その効果を確かなものにするための、生徒をあきさせない工夫のひとつであったのである。

133

VI 【実践報告】

4 技能・学力とそのてだて

(1) 作文

　　今回の学習の中の、新聞記事を書く（第2時）、事件の真相（第6時）などの作文で、構成を再三指導し、実際に双括型の文章を書かせたり、また、論拠を引用することを具体的に求めたりした。したがって、説明的文章を書く技能の一部については、ある程度意識化できたと考えている。

　　また、「藪の中」の学習過程における二つの作文を練習として、意見文を書く学習に入ったわけであるが、はじめの意見文（第11時）を書いた後の第12時で、意見文の書き方についての学習をしている。これは、実際に自分で書いた後に、書きにくかった点、工夫した点を改めて自覚させるとともに、書くときにどういう点に気をつけたらよいかを実際的に考えさせるというねらいをもっている。

　　この第12時は、例えば、書き出しの工夫、文脈の乱れ、構成、主題の明確性、論理性などの視点がまとめられ、いわば意見文作文の留意点が整理されるという形になった。この留意点をもとに、**資料③**のプリントにもとづいて、他の生徒の作文を批評し、次の自分の意見文の骨格をつくるという過程に入ったわけである。

　　このように、実際に書く、実際に批評するという場面の中で技能を自覚化させていくことが、技能定着には必要なのではないかと思われる。この点は、次の生徒の感想にあらわれている。

　　"まず、ひとつのことを多くの面から見つめるという機会といろいろなパターンの文章を書かせていただいたことに感謝しています。なぜかと言うと、常日頃から、「新聞を読みくらべよ」とか「視野を

広く持て」などと言われても、その手段と時間がみつけられず、やきもきしていたからです。（そうすることがよいことであるというのは、重々知っているのですが、）そして、ベン・ジョンソンについて思っていたことを、一気に発散できたのもよかったです。ここぞとばかりに少し政治のことにも口だししてみました。<u>文章の構成力のなさ、文そのもののセンスのなさなど自分のこれまで学んできたこと、考えてきたことが、知識のところで止まっていて、知恵として身についていないことも知りました。</u>これからももっと書く時間があればよいと思いました。"（男子）——傍線は引用者による。

　以上、作文技能とそのてだてについて、次のようにまとめることができる。

　　　構成意識と論拠の明確性→新聞記事化・事件の真相
　　　意見文を書く技能の自覚
　　　　意見文１（第11時）
　　　　　　↓
　　　　書き方の学習（第12時）——どんな点に気をつけて書くか
　　　　　　↓
　　　　相互評価（第12時・**資料③のプリント**）
　　　　　　↓
　　　　意見文２（第13時）

　ただし、最後の意見文２は、他の生徒の意見文を批評させてから書かせたものであるためか、反論というよりは批評的感想のようなものが多く見られた。指示をきちんと徹底させることができていな

かったということもあろうし、また、生徒どうしの反論ということ自体が、内容的にも意識的にも難しいということがあるのかもしれない。少し厳しいかもしれないが、本心は無視してあえて反論させるという過程としたほうがよかったという見方もあるように思われる。

（2）話し合い

話し合いの場面は、大きくは二か所に設定している。

ひとつは、「遅刻」の新聞記事についての話し合い（第8時）であり、これは教室全体で行っている。

もうひとつは、第9時の、グループで一つ記事を選ぶという場面での話し合いである。前者は、それ以降の学習のモデルとして大きな意味をもっている。これがなければ、以降の作業内容はきちんとイメージできなかったであろうし、また、そのおもしろさの予想ができないということもあったであろう。結果として、以降の学習がずいぶんと漠然としたものになったと思われる。

後者については、どの記事を選ぶかということはすなわち、どういうところがおもしろいかということになっているわけであり、記事の内容・問題点をより深く捉えさせるのに役立っている。

このように、話し合いを場として設定したこと自体は、全体の学習の中できわめて有効であったと考えられるが、実際には、話し合いそのものの技能についてはほとんどてだてをしていない。目的に応じて、論点を明確にしつつ話し合うということを、プリントなどを用いて意識化させる必要があったと思われる。少なくとも、記事を一つ選ぶグループ作業においては、直接教師が立ち入らないわけであるから、話し合いの手順を示し、選んだ理由を記させたりする

プリントを準備するべきであった。

　話し合いの技能については、学力の見通しと、そのためのてだて
がなされたとは言いがたく、単に設定したにとどまったというべき
であろう。

(3) 新聞記事への接し方

　この学習のひとつの大きなねらいは、はじめにも記したように、
情報をそのまま受けとるのではなく、背後にあるさまざまな事象に
思いをめぐらしつつ、多面的に判断するという、情報吟味の姿勢を
作ることであった。この点について、生徒は次のように記している。

Ⓐ

　僕は物を書くのが不得意だと改めて思いました。それはおいてお
くとして、新聞記事を、あるがまま素直に受け止めるのではなく、
常に様々な場面を想定しながら読んでいく、といった姿勢を養うこ
とができたのは、大変良いことだと思いました。あと、他の人の意
見が読めるのも、参考になりました。（男子）

Ⓑ

　この学習をすることで、日ごろ新聞をくわしく読んでいなかった
私が、新聞の奥深い所のおもしろさというものに気づいた。いい勉
強になったと思う。（女子）

　新聞記事を見る目の変化という点は、他の多くの生徒も指摘して
いるところであり、生徒にとってもおもしろい学習であったのでは
ないかと思われる。少なくとも、そういう視点を自覚化させえたと

VI 【実践報告】

いうことは、評価されてよいのではあるまいか。

---

5 生徒の反応について

　生徒の記した感想の中から、全体に関わるものを一つあげてみたい。

Ⓐ

　新聞という新鮮な材料を用いて、物を考え、文章を書くことは、とてもためになった。自分の述べたい考えを的確に表すのが上手になりたいと思うし、しんどいがおもしろいし好きなので、これからもこういうことをやってほしい。新聞を丁寧に読んで記事をさがすのも、社会の勉強になってよかったと思う。（女子）

Ⓑ

　何枚も原こう用紙を書くのはつらかったけれど、今まで考えても見なかった事件の裏の物語を書いていくのは楽しかったし、こういうふうに新聞記事を読むのも一つおもしろい読み方だと思った。（女子）

　上に記したように、全体としては好意的な反応であった。少なくとも、国語のなんらかの力について生徒が自覚している点、あるいは、自分の中になんらかの変容を認めている点は、何をやっているのか、何をやったらいいのかわからないという、国語科授業に対する生徒の批判に応えるものの一つとして位置づけられはしないだろうか。

138

おわりに

　事象の背後にある人間の姿を洞察する力というものは、真実を捉える姿勢であると同時に、人間としてのやさしさにつながる想像力であろう。また、きちんと自分の意見が述べられるということは、人間らしく生きていくための大きな要素である。そういった、生活を直接高めていくための力というものを、もう少し高校生に対してもてだてをしていく必要がありはしないだろうか。

　あるいは、学習によって自らが少しでも変わったと自覚できるような学習過程を工夫することが、今後、学習意欲の喚起に関わる問題として、考えられていかなければならないのではないか。

　そして、上のような課題を解決する有効な手段として、単元学習があるのではないかと思うのである。

　目標の設定（学力の見通し）、てだて（てびき）の方法など、困難な点は多いが、さらにこの方向を、見定めていきたい。

Ⅵ 【実践報告】

資料① 第8時の話し合いに用いたプリント

次の記事から、あなたはどんなことを考えますか。

連続千五百日遅刻者なし

【新潟】新潟県五泉市の○○中学校（生徒数百七十七人）で十五日、遅刻者なし連続千五百日が達成された。昭和五十八年三月八日、生徒一人がわずか三十秒遅刻したのを最後に、六年余に及ぶ記録。今月二十四日には記念の集会を開き、記録達成を祝うことにしている。

無遅刻運動は生徒会が五十六年から自主的にスタート。その後何度か遅刻者を出したが、教員や父母を含め地域ぐるみで取り組んできたという。○○校長（五三）は「恐らく日本一の記録だろう」と胸を張っている。

同校は新潟市の南約二十五㌔の水田地帯にあり、父母の多くは兼業農家だ。最も遠い生徒は片道約四㌔を通学する。登校時刻は午前八時十五分。各組二人ずつ計十二人の週番が毎朝校門に立ってチェックするが、生徒のほとんどが五分前までに登校。時折、近所に住む生徒が慌てて駆け込むとか。

〈一九八九年五月十五日　中国新聞夕刊（共同通信配信）〉

○この記事にまつわる人物を一人設定するとしたら、その人のどんな生活や思いが想定できるだろうか。

○上の想定をもとに、あなたはどんな意見、感想をもつか。

小説教材を導入に生かした学習指導―「藪の中」「新聞記事」（高二）の場合―

資料② 第8時に配布したプリント。
生徒が新聞記事を選ぶためのもの。

新聞記事から考える

氏名（　　　　）

——背後にある人間の物語を読み取ろう——

月　日　曜　面

（ここに記事のコピーをはる。ハンディコピーをクラス委員が管理）

○焦点をあてたい人物

○右の記事のどういった点に着目したか

資料③ 第12時に使用したもの。
他の生徒の意見文を批評するためのもの。

新聞記事から考える

氏名（　　　　）

　氏の意見文を読んで

1　形式・表現面ですぐれていると思われる点。

2　形式・表現面で工夫の余地がある点。

3　内容的にすぐれている点。

4　共感した点、または、疑問に思った点。
　→自分の意見文の骨格になる。

141

Ⅵ 【実践報告】

```
資料④  生徒の作文例（第6時）
```

（例1）「藪の中」をもとにした作文「事件の真相」—— A君

　この物語で、誰が武弘を殺したのかというのは、読み手によって意見が分かれるだろうと思います。また、作者、芥川は、誰が犯人かを読者にいろいろ想像してもらいたいと思いながら、その決定的な答えは用意していないのかもしれません。しかし、今あえて誰が犯人かと考えると、直感的に多襄丸ではないかと思いました。

　なぜ、そのように感じたのか、いろいろ考えてみました。

　初めに、この三つの証言でどれが本当かを考えると、多襄丸は、今まで人を何人も殺してきたので、人殺しを何とも思っていない。したがって、検非違使に問われて動揺することもないし、ただ女欲しさに男を殺したのが見つかったのだから、本人も言うように嘘をつく必要はない。

　これに対して、真砂は、夫が殺される場面で何もできなかった。武弘は、妻が手ごめにされる場面で何もできなかった。つまり人殺しや手ごめに対して「思い」——怒りや絶望——がある。したがって、それらから、検非違使に問われて嘘をつく可能性は十分ある。具体的に、その嘘をついた理由を考えると、真砂は、たとえ人の助けを呼ぶためだったにせよ、「どちらか一人死んでくれ、二人に恥を見せるのはつらい」といって夫の誤解をかってしまったのだから、その罪の意識が過剰になって、被害妄想ならぬ加害妄想になったのではないかと考えられる。一方、武弘は、妻の、助けを呼ぼうとした演技だったのかもしれない言動を真に受けて、妻が裏切ったと錯覚して、その絶望のあまり、実際は太刀打ちで死んだにもかかわらず、死を自分の意思によるものだと思いこんだ、あるいは思いたかったのだとも考えられる。

　以上、直感的に思ったにしては理屈っぽい考察だけれども、最終的

に犯人は多襄丸だと思います。しかし、また他の人を犯人にすると違った読み方ができるに違いありません。とにかく、「避けがたい誤解の怖さ」「事件を完全に客観視することは不可能だ」ということを考えさせられる文章でした。

(例2) 米国の兄弟が円周率を四億八千万桁計算し、従来の記録を一気に二倍更新したという記事をもとに、B君が書いた物語。(第10時)

　私が「円周率」というものを初めて知ったのは、小学生のときでした。数学には余り興味がなく、放課後には弟や他の友達と探検ごっこなどをして遊んでばかりいた私でしたが、あの日の円周率の授業で「円周率は無限に続く」という性質を学んだとき、その「無限」というものの不思議さに何か感動して、「無限まで計算する人がいたらすごいなあ」なんて変な考えをし、また、弟に円周率の性質を得意げに話したことを覚えています。今思うと、円周率に感動したあの日から、頭のすみのほうでは円周率計算の準備が着々と進んでいたのかもしれません。

　あの日から円周率だけでなく数学自体に興味を持ち始めた私は、中・高校と数学のテストでは常に一番を取るようになり、一九七八年、弟と一緒にアメリカに移住、コロンビア大学で数学の勉強ができるようになりました。とはいうものの、円周率を何億桁も計算するのは自分たちには無理なんて思っていましたから、しばらくは他の研究を進めていました。でも、知らず知らずのうちにすべてが円周率につながっていたのです。去年の冬、ふと私に、円周率が五億桁計算できるプログラムが浮かんだのです。

　私は弟に応援を求めました。弟も円周率には心を引かれるものがあったらしく、飛びついてきました。それから二人の円周率との戦

いが始まったのです。毎週末、私たちはコンピューターに向かいました。息抜きの週末をつぶしたうえに、一か所のミスがそれまでの計算を台無しにするという緊張の連続のために、ストレスが大変たまりました。しかし、今までの世界記録とならび、追い抜いたとき、まだだれも計算したことのない未知の世界に入ったとき、ストレスは吹き飛び、幼いときした探検ごっこでもしているような気分になりました。そしてついに五億もの桁を計算したのです。涙がこぼれてきました。これであの幼いとき考えたことが、ほんの少し、現実になったのです。

（例3）例2に基づいて、B君が書いた意見文（第11時）

　円周率の少数点以下四億八千万桁まで計算したことはたしかにすごい。これだけの計算をするにはたいへんな努力を要しただろうと思う。

　しかし何が彼にこんなことをさせたのかと考えてみると、頭を抱えてしまう。別に円周率を五億桁近く計算したところで、賞品が出るわけでもないだろうし、現在、円形の何かを作ったり、円周率を使う他の計算をするときでも、五億桁もの円周率など必要ないと思う。「無用の長物」などと考える人も少なくないだろう。それではなぜ彼はこんな計算をする気になったのだろう。

　僕の円周率に対してのイメージといえば、大きくて、長くて、不思議で、といった感じだ。3.141592……と無限に続く円周率の「無限」という漠然とした言葉に何か感じるものがある。文字どおり限りがなくて、ずっと続く。だから円周率の終わりなどはない。でも、わかっていても、心のどこかで円周率の一番最後はどうなっているのだろう、なんて考えてしまう。だからといって、自分であれやこれやってみる気にもならない。なぜなら宇宙の端がどうなってい

るのか調べるのと同じ位難しい、というよりも、不可能なのだから。

　しかしデービット、クレゴリー・チュドノフスキ兄弟は、僕と違って、円周率の最後を突き止めようという心を持っていたのだろう。そして、最後の数まではわからなくとも、できるかぎりその数に近づこうという気になったのだろう。どんなに計算しても無限は少しも縮まらないのは、僕以上にはっきりとわかっていただろうが……。

　僕は二人の努力は素晴らしいと思う。たとえそれが、ほとんど役に立たなかったとしても、精一杯努力するのは立派だと思う。今の僕には欠けていることだ。たとえ、役に立たないことで貴重な時間をつぶしてもったいないという人がいても、僕は二人を尊敬する。

（例4）例3のB君の意見文に対してC君が書いた意見文（第13時）

　まず驚いたことといえば、B氏の円周率に対するイメージ・考えである。B氏の「円周率には終わりがない。でも、わかっていても、心のどこかでは、円周率の一番最後はどうなっているのだろう、なんて考えてしまう」という部分である。

　僕は、そんなことは考えたこともない。ただ漠然と円周率というものがあり、それは、きちんとした数では表せなくて、数学上ではπとして計算する、ということしか頭にない。僕のように精神的に年をとっている人間には、B氏のいう無限でも終わりを知りたい、というような考えは、まったく生まれてこなくて、円周率＝無限、といった、わかりきった世間一般の常識に疑問を抱き、問いつめるといった芸当など、できるわけがない。

　これではやはり、いけないわけだ。

　よく言われているが、今の時代、科学者にしても何にしても、要求される人間は、頭がいいだけではだめで、何かを追及したり、何かを生み出すには、やはり、好奇心が必要であり、常識的な道埋を

うのみにしない人である。

　これだけ、いろいろなことが発明され、わからないようなことはないように見える時代を生きていくには、「知的野蛮人」でなくてはだめだ。そうすれば、たくさんのまかり通った常識の中に埋もれた、輝く事実、物事にあえるかもしれない。

　　〈付記〉
　　本論稿は、第52回国語教育全国大会（日本国語教育学会1989.8.6　於：国立教育会館）における発表に基づくものである。

VII

[講演記録]

国語科学習指導における
発問の意義と課題

VII ［講演記録］

はじめに

　国語科学習の改善を考えるとき、今日的には二つの方向性がある
のではないか。

　一つは、言語活動能力、つまり、話す・聞く・書く・読むことに
ついて「知っている」のではなく、それが「できる」力の育成という
観点からは、知識を与えるという学習観ではなく、実際に話す・聞
く・書く・読む活動を通してそうした力をつけるという学習観に立
つ必要があるということである。結果として活動型の授業を目指す
ことになる。これは、近年の言語活動の充実という方向性からも説
明することができるが、本質的にはそれ以前に、国語科学習のある
べき姿として認識されるべきものであろう。

　もう一つの方向は、高校の学習の主たる内容としての「読むこと」
について、さらに精度の高い学習を構築するという観点であり、具体
的には「発問」の精選という方向性に向かうことになるのではないか。

一 「言語活動の充実」と「言語活動能力の育成」

1 言語活動とは

　言語活動とは、広義には、読む・書く・聞く・話すという言語の
活動プラスその基盤としての認識・思考活動と説明できる。本質的
には、認識・思考の活動が十全でなければ、書くにしても読むにし
ても、十分な活動たりえない。

148

狭義には、学習指導要領（平成21年版）でいう、記録、報告、説明などの活動をさすことになる。しかし、国語科学習の改善という視点としては、狭義の意味ではさしたる成果は期待できない。記録・報告などは、本来の国語科の学習活動そのものであり、それらはこれまでもある程度行われてきたし、行われて当然の活動だからである。

② 言語活動能力

　国語科では、基本的に言語活動の能力を身につけさせるという考え方に立ちたい。

　私は中学1年の担任だった時、スピーチの学習をすると予告して、「スピーチをするときどんなことに気をつけたらよいか」と生徒に尋ねた。生徒は、「大きな声で話す」など、たくさんの留意点をあげてくれたので、「こんなことに気をつけてスピーチをしよう」と授業をまとめたのだが、とんでもない授業だったと今は思っている。その授業は「スピーチの仕方について知っている」ということに終わったものであり、「実際にスピーチができる」とは異なっている。また、そんなにたくさんの項目について留意することなどできるはずがない。みんなの前に立つ経験をして初めて、自分に足りないところを自覚できるのであり、また、その経験そのものが経験知として次にスピーチをするときの力になる。そういう意味では、私は経験も学力だと考えている。言語活動能力は、実際に話す・聞く・書く・読む活動を通してそれらの力をつけるということになる。

　また、岩淵悦太郎氏の説によれば、言語の機能は「伝達・認識・思考・創造」であると言われる（むろんこれには学者の数だけ説明の仕方があるが、国語教育としては理解しやすい説明である）。言

語の機能を十全に果たすことができるように育てるのが国語教育だという説明の仕方が可能であるとすれば、その中心は「認識・思考」であろう。きちんと考えることができていれば、それを文字にすれば書けるのであるし、音声にすれば話せることになる。読んでも聞いても理解するのは思考の活動である。

　言語活動の能力という時、その基盤に「認識・思考」の力があることをもう一度確認したい。国語教育は究極には「言葉でものを考える力の育成」である。数学は数理的に筋道を立ててものを考える訓練という側面をもっており、国語・数学（算数）が「基盤教科」だと言われるのは、必ずしも生活に必要だからではなく、そもそも「考える力」をつけることそのものを目的にしているからである。

二　発問の改善のためのいくつかの視点

　読むことの授業を支えるのは、基本的には発問である。私は、発問で授業をきちんと構成できない教師は、活動型の授業は維持できないとさえ考えている。その発問について、改めて確認してみる。

1　発問の分類

- 思考発問・記憶発問（発問・質問）
- 主発問・補助発問
- 予定発問・即時発問
- 収束発問・拡散発問

　発問と質問を区別して受け止める必要はないか。質問は「問うて質（ただ）す」のだから、知識を訊ねてよい。「質す問い」である。発問は、私もいろいろ調べたがやはり今のところ「問を発すること」

のようである。しかし、発問を「発（ひら）く問い」「問うて啓発する」と考えることは、発問という言葉の出自はともかく、学習指導上の区別としては、決して的はずれではない。問題は、発問・質問、両者が区別されていないことである。ここで言う発問は、一時間に4つも5つもあるものではなかろう。結果的に質問だけで構成されているような古典の授業がないと言えるだろうか。

　一つの答えに収束していく「収束発問」と、いろいろな答えが可能な「拡散発問」とを使い分けることができているだろうか。

　読みとしてはあいまいさが許されるところで無理やり収束させているようなところはないか。あるいは「自分ならどうするか」「こんなことは身近にはほかにどんなことがあるか」「この主人公の行動についてどう思うか」など、どのように答えてもよい発問は、読み手個人の考えを引き出すことになり、結果としてPISA型読解力でいう「批評」という、日本の生徒（日本人）の弱点を補うことにつながるのではないか。

2　三読法による読みの場合の発問の型

　基本的に三読法の学習過程を組織するとすれば、通読・精読・味読の各過程の発問は、次のような順でそれぞれ過程の中心となる。

- 知識、情報収集に関する発問
- 解釈に関する発問
- 評価、批判、鑑賞に関する発問

3　読みの層

①文字・語句を読む——文字が読め、語句の一般的な意味が捉えら

VII ［講演記録］

れる。

②文章を読む——文脈上の意味がわかり、そこに描かれた事象が捉えられる。

③作者・筆者を読む——作品の主題や作品の背後にある思想が捉えられる。

④読者（自身）を読む——自己との関わりにおいて作品が捉えられる。（作品世界を通して自己を発見する）

　これらは当然この順序で時間的に明確に区別される過程として存在するのではない。語句の意味が完全にわからないと作品の主題について見当もつかないといったものではなく、少々不明な言葉があっても大意はつかんでいることが多いように、実態としては渾然とした形で現れる。

　しかし、授業の構成や発問を考えるとき、こういった層を念頭に置くことは無意味ではない。読みが①の層から始まって最終的に④の層に至ることでひとまずの完成をみると考えれば、例えば漢字の読み方、語句の意味を問う発問は①の層に相当し、感想文を書く学習過程は④の層に相当する。それぞれの層に対応する学習過程や発問が計画されねばならず、そういう視点で発問を分類することも可能である。

　一般に文学教材の場合、語句的抵抗が論理的文章に比べて少なく、③作者・筆者を読む、④読者を読むといった層に関わる発問の工夫が大きな問題となるし、そこに時間を割きがちとなる。論理的文章の指導においてその層をおろそかにしてよいというのではないが、文学的文章の指導においては、授業の中心、あるいは最終段階がそこに置かれるということである。（参考：拙著『「読むこと」の再構築』三省堂　2002）

三 国語科学習指導法としての「発問」の意義

　なぜ発問するのだろう。教師が自分の考えた授業の流れにもっていくために発問しているようなところはないか。発問しなければ考えないから、脅迫の手段として発問しているところはないか。発問したほうが子どもが飽きないからという理由で発問していないか。

　発問の意義を次のように再確認したい。

- 内容の探求
- 子どもの思考と発見の保証
- 話し合い学習の成立→話し合い能力　論理的思考力

　　発問に対する答えの吟味を「論理的思考力の育成の場として捉える」また「豊かな想像によって作品を楽しむ場として捉える」ことが必要。この両面を充足する必要があるが、思考訓練としての側面はないがしろにされがち。

- 読みの視点の提示

　　「疑問に思ったところはどこか」「気になる表現はどれか、そしてそれはどういう点で気になるのか」。そういった、一人の読み手としての単純な気づきから出発し、それを砕き、深めていく過程を発問化しなければ、子どもの意識に添った、読む力をつける学習指導にはならない。基本的に、読解学習における発問は、読みの視点の提示である。子どもは、「ああ、そういう視点をもってすれば、そんなことがわかるのか」という、視点（読みの方法）と内容の双方を理解する、そういう発問が期待される。

153

VII ［講演記録］

四 読みの視点の提示としての発問

　発問するとき、私たちは、ここを訊けばより深い解釈ができる、という発想で考えていないか。そのことは、結果として「なるほどわかった」「読みが深まった」という地点に到達するのであるから、決して悪いことではない。しかしそれは、教師に問われたからわかったのであって、生徒自身がそういう問いをもつことができるようになったとは限らない。作品がわかったとは言えても、読み方がわかったということにはならない。それで、次の別の作品を読む力につながるであろうか。「羅生門」のテーマがわかっても、それだからといって「山月記」のテーマがわかるとはかぎらない。

　おそらく、生徒たちは、長い年月、発問を受け止めるという形で「読みの問いのもち方」を無意識のうちに獲得しているのである。そういう意味では、優れた教師の優れた発問が、生徒の問いのもち方を育てていると言える。

　そのことをもう一つ進めて、「問いのもち方」を意識した発問を考えることはできないだろうか。文章を読みながら私たちは、たくさんの引き出しからいろいろな「問い」を、パソコンで検索するが如くにあてはめながら読んでいるのではないか。その引き出しの多さ、多様性が、自分で読む力であると思われる。

　発問を「読みの問いのもち方の引き出しの提示」として捉えることは、読む力の育成に必ず機能するであろう。それは、結果的に内容がわかったというレベルを超えて、読み方がわかったというところにつながっていく。

国語科学習指導における発問の意義と課題

[例]

- まず「設定」を読んでみよう。「羅生門」の冒頭はどのようになっているだろう。
- 対立人物の違いを考えてみよう。老婆の考え方のどの点から、下人はどのように考えを変えたのか。「では」に着目して考えてみよう。
- 「臆病な自尊心」と「尊大な羞恥心」は、普通の言い方ではない。どんな意図が込められているか。
- 作品全体から主人公の変化をみることは主題の把握につながる。太田豊太郎の中で変わったものは何か。
- 視点人物を変えて読んでみる。仁和寺の法師の得意げな話を「かたへの人」はどのように聞いていただろう。

おわりに

発問について、その問いで何がわかるかという発想であれば、内容のおもしろさ・深まりが生まれ、価値的な目標の達成にはつながるであろう。それはそれでおもしろいことではある。

しかし、どういう読みの視点を内包した問いをもって読むかという発想によって、読みの視点を自覚的に捉え、結果として読みの力を育成（技能的な目標の達成）することにつながるのではないか。

[補記]

本稿は、平成24年度岡山県高教研国語部会秋季大会（於：岡山県立笠岡高等学校）における講演記録である。

155

あとがき

　2013（平成 25）年 2 月から、毎年、愛媛大学附属高等学校国語科
教育研究大会において授業を公開させていただいてきた。

　本書のⅡ〜Ⅴの各章はその記録である。また、授業研究のあり方
という意味で「Ⅰ　授業研究のねらいと方法」を置き、愛着ある現
場実践を「Ⅵ」に、さらに講演記録「Ⅶ　国語科学習指導における
発問の意義と課題」を添えている。

　本書Ⅱ〜Ⅵに所収したそれぞれの授業は、以下のような問題意識
から構想されたものである。

Ⅱ　豊かな文学世界の享受と言葉の力の獲得

- 豊かに想像して文学を享受することと読みの力を育てることは
どうつながりうるか。

Ⅲ　文学として味わう「古文」

- 口語訳を乗り越えて、古典を文学として味わわせるにはどうし
たらよいか。

Ⅳ　味読・批評を見通した評論の学習指導

- 評論の読みにおける「通読」「味読」はどうあればよいか。

Ⅴ　高村光太郎「レモン哀歌」の指導

- 教師の読みに誘導・到達させるのではなく、「詩を楽しむ」と
いう学習をどう具現化するか。

Ⅵ　小説教材を導入に生かした学習指導

- 情報を吟味する力、論理的に考えを展開する力の育成はどのよ
うに可能か。

いうまでもなく、それぞれが授業として成功したとは言いがたい。

しかし、そういう問題を明確化し、実践的に提案できたのではないかという意味で、本書の題に「実践的提案」という言葉を用いた。

大学に籍を移して、高校での授業は初めてであった。緊張もした。しかし、生徒やその発言に向き合う場面は、まさに真剣勝負であり、その緊張感、ぞくぞく感に「ああ、やはり自分はこの緊張が楽しくて教師をやっていたんだ」と、今更ながら思わされた。「自分の居場所はやはりこの真剣勝負の場なんだ」とも感じられた。現場教師の血が騒いだ。うれしい体験であり、自己確認であった。

そういった思いがあり、また、本年3月の定年退職を区切りにした書物という意味でも、思い入れの深い1冊になった。

本書を編むにあたって、愛媛大学附属高等学校国語科、谷口浩一先生、山下憲人先生（現・県立松山北高等学校）、八塚秀美先生には、研究大会の開催運営はいうまでもなく、授業の事前・事後指導、協議記録の作成、DVDの制作など格別のご高配をいただいた。本書の成立には、とりわけ山下先生のお骨折りが大きい。さらに、愛媛県高等学校教育研究協議会国語部会には、授業記録の雑誌掲載をはじめ、大変お世話になった。

別して厚く御礼申し上げる。

また、実践機会を与えてくださった愛媛大学附属高等学校に感謝するとともに、今後の教育実践研究の発展を祈念したい。

最後になったが、本書刊行に際して、三省堂の瀧本多加志氏、五十嵐伸氏、木村広氏に大変にお世話になった。とりわけ動画の配信などという無謀な企画を通していただいたご労苦に、心より感謝申し上げる。

2017年9月吉日

初出一覧

　本書に収めた論考の初出は、以下のとおりである。ただし、本書に収録するに際し、表記の統一ほか必要に応じて加筆・修正を施した。

Ⅰ　授業研究のねらいと方法（「月刊国語教育」　東京法令出版　2003年1月号）

Ⅱ　豊かな文学世界の享受と言葉の力の獲得─芥川龍之介「蜜柑」（高校一年）
　　（『愛媛国文研究』第63号　愛媛国語国文学会・愛媛県高等学校教育研究会国語部会　2013年12月）

Ⅲ　文学として味わう「古文」（伊勢物語）
　　─現代語訳・課題のあり方を中心に─
　　（『愛媛国文研究』第64号　愛媛国語国文学会・愛媛県高等学校教育研究会国語部会　2014年12月）

Ⅳ　味読・批評を見通した評論の学習指導
　　─松沢哲郎「想像する力」の実践を通して─
　　（『愛媛国文研究』第66号　愛媛国語国文学会・愛媛県高等学校教育研究会国語部会　2016年12月）

Ⅴ　高村光太郎「レモン哀歌」の指導─詩の「楽しみ方」を求めて
　　（『愛媛国文研究』第65号　愛媛国語国文学会・愛媛県高等学校教育研究会国語部会　2015年12月）

Ⅵ　小説教材を導入に生かした学習指導
　　─「藪の中」「新聞記事」（高二）の場合─
　　（初出　広島大学附属高等学校『国語科研究紀要』第35号　1991年3月
　　＊初出題　「高校二年における単元学習─『新聞記事から考える』─」）
　　再掲　『高等学校国語科学習指導研究─小説教材の取り扱いを中心に─』
　　（溪水社　1992年7月）

Ⅶ　講演記録
　　国語科学習指導における発問の意義と課題
　　（『岡山高校国語』第49号　岡山県高等学校教育研究会国語部会　2013年3月）

●著者紹介

三浦和尚 (みうら・かずなお)

1952 年　広島市生まれ。

1974 年　広島大学教育学部卒業。広島大学教育学部附属福山中・高等学校教諭。

1983 年　広島大学附属中・高等学校教諭。

1991 年　愛媛大学教育学部助教授 (国語教育学)。1996 年、同教授。

1997 年　愛媛大学教育学部附属幼稚園長。2001 年 3 月まで。

2003 年　愛媛大学教育学部附属小学校長。2007 年 3 月まで。

2012 年　愛媛大学教育学部長。2016 年 3 月まで。

2015 年　愛媛大学副学長 (附属学校担当)。

2017 年　愛媛大学名誉教授・特命教授・副学長 (附属学校担当)

所属学会等

全国大学国語教育学会、日本国語教育学会、日本教師教育学会、日本近代文学会、日本俳句教育研究会 (会長) 等。

著書

『高等学校国語科学習指導研究』(溪水社　1992)、『中学校国語科学習指導の展開―表現活動を中心に―』(三省堂　1993)、『「話す・聞く」の実践学』(三省堂　2002)、『「読む」ことの再構築』(三省堂　2002)、『国語教室の実践知―確かな学びを支える 25 のキーワード』(三省堂　2006)、『国語教育実践の基底』(三省堂　2016) 等。

159

高校国語科授業の実践的提案

2017年11月10日　第1刷発行

著　者　三浦和尚

発行者　株式会社 三省堂　代表者 北口克彦

印刷者　三省堂印刷株式会社

発行所　株式会社 三省堂
　　　　〒101-8371 東京都千代田区三崎町二丁目22番14号
　　　　電話　編集 (03) 3230-9411　営業 (03) 3230-9412
　　　　http://www.sanseido.co.jp/

ⓒMiura Kazunao 2017　　　　　　　　　Printed in Japan
落丁本・乱丁本はお取り替えいたします。
ISBN978-4-385-36115-4　　〈高校国語科実践的提案・160pp.〉

本書を無断で複写複製することは、著作権法上の例外を除き、禁じられています。また、
本書を請負業者等の第三者に依頼してスキャン等によってデジタル化することは、たとえ
個人や家庭内での利用であっても一切認められておりません。